HISTOIRE

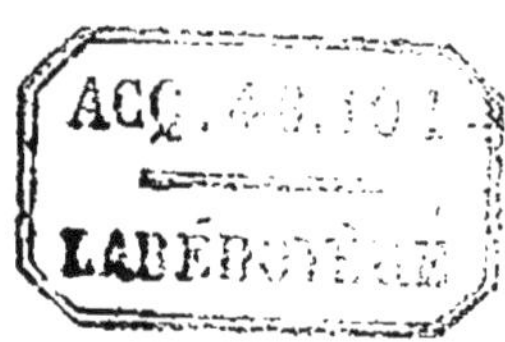

DU PROCÈS

DU MARÉCHAL DE CAMP

BONNAIRE

ET DU LIEUTENANT MIÉTON,

SON AIDE-DE-CAMP.

SE TROUVE

à	chez les Libraires
Bordeaux, ...	FERET;
Breslaw, ...	KORN;
Bruxelles, ...	LECHARLIER; DEMAT;
Cambray, ...	GIART;
Dijon, ...	COQUET;
Douay, ...	TARLIER;
Leipsig, ...	RECLAM;
Lille, ...	CASTIAUX; VANACKERE;
Lyon, ...	BOHAIRE;
Marseille, ...	MASVERT;
Metz, ...	Veuve VERRONAIS;
Mons, ...	ROUX;
Neufchâtel, ...	BOUVET;
Nancy, ...	VINCENOT.
St.-Quentin, ...	MOUREAU;
Strasbourg, ...	LEVRAULT;
Tours, ...	MAME;
Valenciennes, ...	WIART.

HISTOIRE

DU PROCÈS

DU MARÉCHAL DE CAMP

BONNAIRE

ET DU LIEUTENANT MIÉTON,

SON AIDE-DE-CAMP,

PAR MAURICE MÉJAN,

Jurisconsulte, chevalier de l'Ordre royal du Lion, de Bavière, auteur des *Causes célèbres* et de l'*Histoire du* PROCÈS DE LOUIS XVI; membre de la Société royale académique des Sciences.

PARIS,

PATRIS, impr.-libraire, rue de la Colombe, n° 4, en la Cité;
GUILLAUME, libraire, rue Hautefeuille, n° 14;
CORBET, libraire, quai des Augustins, n° 63;
DELAUNAY et PÉLICIER, libraires au Palais Royal.

HISTOIRE

DU PROCÈS

DU GÉNÉRAL BONNAIRE

ET DU LIEUTENANT MIETON

SON AIDE-DE-CAMP.

C'EST une maxime de la raison universelle, une loi de tous les temps et de tous les lieux, qu'ainsi que la personne du père de famille est sacrée pour ses enfants, et celle du Souverain pour ses sujets, de même celle de l'*ambassadeur* est partout inviolable.

César lui-même proclamait ce grand principe : *Sanctum et inviolabile apud* OMNES *nationes* LEGATORUM *nomen* (de Bell. Gall.).

La loi romaine n'était ni moins simple, ni moins énergique : SANCTI *habentur* LEGATI (L. D. *de Legationibus*).

L'alcoran n'est pas moins précis : *Ne fais aucun mal à l'ambassadeur.* ELCHI ZWAL GOETHER (Surat. 9).

Enfin, il n'y a pas de nation si barbare qui n'honore et ne respecte la personne qui, sans armes et avec le signe usité, se présente pour parler au nom d'un souverain ou d'un peuple, même ennemi. Et l'on sent, en effet, que les raisons qui ont fait accorder une telle préro-

de reconnaître Sa Majesté Louis XVIII, partit de Cambrai, à cheval, suivi d'un domestique, d'un trompette, et d'une escorte qui lui avait été donnée par le prince royal des Pays-Bas.

Il était revêtu de l'uniforme de son grade, décoré des rubans de la croix de Saint-Louis, de la Légion d'honneur, du Lys, et portait à son chapeau la cocarde blanche.

Arrivé au village de Fresnes, qui est situé à une lieue de Condé, il y laissa son domestique, le trompette, l'escorte, et prit une voiture avec laquelle il parvint à l'un des postes avancés de la place.

Il déclara à l'officier qui le commandait, qu'*il était l'adjudant-général Gordon, parlementaire envoyé au nom du roi de France au commandant de la place, auquel il voulait parler de suite et remettre des lettres, conformément à ses instructions*.

En conséquence de cette déclaration, le commandant du poste fit prévenir le général Bonnaire qui envoya de suite le lieutenant Miéton auprès du colonel.

A peine cet officier eut-il aperçu les couleurs dont le parlementaire était paré, qu'il l'accabla des plus grossières injures et lui arracha sa cocarde blanche et sa décoration de la croix de Saint-Louis.

Conduite atroce, parce que le parlementaire était déjà *admis* puisque le commandant de la place avait ordonné à son aide-de-camp de se rendre auprès de lui; et parce que tous les publicistes sont d'avis que, soit qu'on admette un hérault ou un trompette, soit qu'on refuse de l'entendre, il faut éviter à son égard tout ce qui peut sentir l'insulte. *Non-seulement*, dit Vattel, *ce respect est dû au droit des gens, c'est encore une maxime de prudence.*

Aussi tous les auteurs qui ont écrit sur cette matière, rapportent-ils un grand nombre d'exemples des réparations accordées pour des outrages faits aux parlementaires, ou des malheurs dont ces outrages ont été la cause (1).

Mais on ne s'étonnera pas, au surplus, que le lieutenant Miéton se soit livré à de tels excès, lorsqu'on saura qu'il avait fait partie de cette horde effrénée dont se composait le hideux cortège de l'usurpateur, lors de son entrée à Lyon, au mois de mars 1815.

Le colonel Gordon ayant insisté cependant pour parler au commandant de la place, celui-ci fut appelé une seconde fois et se rendit sur les lieux où venait de se passer cette scène scandaleuse. Là, le parlementaire lui remit les pièces dont il était porteur : c'étaient des lettres revêtues de la signature de Son Ecellence le duc

---

(1) *Wiquefort*, liv. 1er, sect. 3, après avoir parlé de la réparation que le duc de Savoie, commandant l'armée de Charles-Quint, fit faire à un trompette français qui avait été démonté et dépouillé par quelques soldats allemands, raconte que le duc d'Albe, dans la guerre que les Espagnols firent aux Portugais, fit pendre le gouverneur de Cascais, parce qu'il avait fait tirer sur le trompette qui venait sommer la place.

de Feltre, ministre de la guerre, et de M. le comte de Bourmont, parmi lesquelles il s'en trouvait une, signée *Gordon*, qui contenait le récit des évènements politiques, et que le colonel avait écrite avant son départ de Cambrai, afin de la faire parvenir au commandant dans le cas où il ne lui serait pas possible d'arriver jusqu'à lui.

Certes, si le général avait été bien pénétré de ses devoirs, il aurait pris sous sa protection le parlementaire et vengé l'insulte qu'on lui avait faite : mais il s'associa, au contraire, aux excès dont son aide-de-camp venait de se rendre coupable, et abreuva, à son tour, le colonel, d'injures et d'outrages.

En vain l'infortuné Gordon rappela-t-il avec force le caractère d'inviolabilité dont il était revêtu; en vain protesta-t-il contre les traitements affreux dont on accablait un homme seul, sans défense; en vain, s'écria-t-il : *n'oubliez pas que je suis officier français! que vous avez sous les yeux la signature du duc de Feltre!* . . . . Rien ne put désarmer ses lâches ennemis, rien ne put les ramener à ce respect, dont les sauvages même environnent celui qui s'avance vers eux avec le signe de la paix. Le général Bonnaire, après avoir d'abord parlé de prison, ordonna qu'on reconduisît le colonel aux avant-postes, et qu'on tirât sur lui un coup de canon, lorsqu'il serait près du village de Fresnes.

Ce n'était pas, sans doute, attenter à sa vie, car le village de Fresnes étant, comme nous l'avons déjà dit, à une demi-lieue de Condé, il est plus que probable que ce coup de canon n'aurait pas atteint le colonel ; mais c'était aggraver les outrages qu'on lui avait prodigués, et fouler aux pieds une des lois les plus sacrées de la guerre.

Encore si cet ordre avait été exécuté ! ..... Mais hélas ! quelques instants après, les soldats qui escortent le colonel, le fouillent et trouvent sur lui plusieurs papiers, dont les titres seuls redoublent leur fureur. On les porte au général, et Miéton, qui était retourné vers lui comme pour prendre ses nouveaux ordres, revient en criant : *Fusillez-le* ! — FRANÇAIS ! dit le malheureux Gordon, AU NOM DE L'HONNEUR ET DE L'HUMANITÉ, NE COMMETTEZ POINT CET ATTENTAT ! ...... Les brigands lui répondent par un coup de crosse qui le terrasse, ils l'achèvent de deux coups de fusil, et Miéton leur distribue une somme d'environ mille francs qu'il avait trouvée sur la victime.

Le général Bonnaire informé de cet horrible assassinat, va sans doute en punir les auteurs, ou du moins se défendre par une protestation solennelle, du soupçon de l'avoir ordonné ou approuvé ! ...... Non, ce n'est pas ainsi qu'il agit : il publie un ordre du jour conçu en ces termes :

» Un de ces traîtres ennemis de la patrie, » déserteur de l'armée française, ayant été arrêté » aux avant-postes, comme traître, espion et » embaucheur, vient de subir le traitement qu'il » avait mérité » (1).

---

(1) Le général Bonnaire, dans son Mémoire et dans l'interrogatoire que lui a fait subir M. le rapporteur, a substitué les mots *qu'il s'était attiré*, à ceux *qu'il avait mérité* ; mais le sens est absolument le même.

Bientôt après il convoque le conseil municipal et il y annonce qu'*il vient de faire fusiller* ou qu'*on vient de fusiller* un traître, un espion ; et qu'il va sévir contre tous les royalistes ! . . .

Ici, il devient nécessaire pour l'intelligence du lecteur, d'entrer dans quelques détails qui le mettront à même de connaître ce qui motivait dans l'esprit du général Bonnaire les épithètes de *traître* et d'*ennemi de la patrie*, qu'il donnait au parlementaire.

Le colonel Gordon, Hollandais d'origine, était, ainsi qu'un de ses frères, depuis long-temps au service de France, et il avait juré au Roi une fidélité qui n'était pas une *fidélité de circonstance*. Après le retour de l'usurpateur, il fut réduit, comme plusieurs autres officiers qui n'auraient pu traverser la France pour se rendre auprès du Roi sans exposer leur vie, à feindre d'accepter du service dans l'armée de Bonaparte, qu'il abandonna deux jours avant la bataille du Mont-Saint-Jean, pour aller rejoindre les drapeaux du souverain légitime (1).

(1) On a cherché, dans l'intérêt du général Bonnaire, à porter atteinte au respect dû à la mémoire du colonel, en disant qu'il ne s'était décidé à cette démarche, que parce que *l'affaire du Mont-Saint-Jean lui avait fait entrevoir le sort qui menaçait le tyran*. Mais c'est une injure d'autant plus gratuite, que M. Chauveau-Lagarde avoue, en même temps, que Gordon quitta l'armée le 16 juin ; que personne n'ignore que, dans le premier combat, la victoire se déclara en faveur de Bonaparte, et qu'enfin la bataille *du Mont-Saint-Jean*, ou *de Waterloo*, n'ayant eu lieu que le 18, il était impossible d'en prévoir, dès le 16, les résultats.

Voilà l'homme qui est qualifié de *traître* et d'*ennemi de la patrie*, par ceux-là mêmes qui se sont rendus coupables de la plus insigne défection! Le colonel Gordon, un *traître*, un *ennemi de la patrie*! Ah! ces dénominations insultantes n'appartiènent qu'à ceux qui, dans la carrière militaire, administrative ou judiciaire, ont violé leurs serments et concouru à la seconde usurpation en se rangeant sous la bannière du crime, en prostituant leurs hommages au tyran, et en acceptant ces fameux *articles additionnels* qui proscrivaient les Bourbons. Traîtres envers le Roi, ils le sont aussi envers la patrie, car LA PATRIE ET LE ROI SONT INSÉPARABLES (1).

Qu'ils profitent du bienfait de l'amnistie, mais

---

(1) M. Chauveau-Lagarde a avancé, dans son Mémoire, que le tort qu'avait eu le général Bonnaire d'accepter de l'usurpateur le commandement de la place de Condé, *n'avait point de sa part le caractère de la félonie*, *en ce sens*, *que le général n'avait point eu l'honneur de servir dans les armées du roi*.

C'est bien là l'étrange système que les défenseurs des généraux Drouot et Cambrone, *et le rapporteur lui-même de ces deux affaires* (M. Delon), ont développé; comme si tous les Français n'étaient pas les sujets du roi!.. comme si l'on pouvait être dispensé de ses devoirs envers lui, sous le prétexte qu'on n'aurait pas été *admis à l'honneur de le servir!*.... Mais si cette doctrine était fausse alors, elle l'est bien davantage dans cette circonstance, puisque le général Bonnaire était doublement lié, et par le serment qu'il avait prêté en recevant la croix de saint Louis, et par l'offre qu'il avait faite, le 16 mars, à son excellence, monseigneur le duc de Feltre, de ses services pour sa majesté; *persuadé qu'il était*, disait-il dans sa lettre, *quoiqu'il ne fût plus qu'un soldat mutilé*, QU'IL DEVAIT SACRIFIER LE RESTE DE SA VIE A SA PATRIE ET A SON ROI.

qu'ils n'oublient pas que si la clémence royale, les a affranchis des peines qu'ils avaient encourues, elle n'a pas effacé la tache que leur imprima leur délit. *Le prince note ceux qu'il absout*, dit un adage de jurisprudence (1); et ce n'est que par une conduite désormais irréprochable, qu'ils peuvent espérer de se réhabiliter dans l'opinion publique et de faire oublier les maux sans nombre qu'ils ont attirés sur la France.

Aussitôt que la fin tragique du brave et malheureux Gordon fut parvenue à la connaissance de sa famille, ses deux frères, l'un officier d'artillerie, et l'autre lieutenant de vaisseau au service de la Hollande, s'empressèrent de faire parvenir leurs plaintes à M. le maréchal Gouvion Saint-Cyr, alors ministre de la guerre.

« Votre Excellence (disait le premier dans sa lettre) a été informée de la mort cruelle que le colonel Robert Gordon a subie, le 7 juillet dernier, à Condé, où il avait été envoyé par le général Bourmont, comme parlementaire, pour sommer, au nom du Roi, le général Bonnaire, commandant de la place. C'est la veille de l'entrée de Sa Majesté dans Paris, qu'un de ses fidèles serviteurs fut fusillé, après avoir été meurtri de coups et avoir subi d'affreux traitements de la part des lâches qui furent ses bourreaux après avoir été ses juges passionnés. Ils ont accablé un homme seul, sans aucune défense que le caractère sacré dont il était revêtu. Et c'est par les ordres, et sous les yeux du général Bonnaire, que l'infortunée victime a succombé sous la fureur

(1) *Princeps quos absolvit notat.*

qui animait ce traître et plusieurs de ses officiers. Je suis le frère du colonel Gordon ; je consacrerai tous mes efforts et toute mon existence à obtenir justice légale de sa mort ».

Sur ces plaintes, le ministre convoqua à Lille, pour examiner la conduite du général Bonnaire, un conseil d'enquête à qui tous les documents alors réunis, furent adressés par M. le comte de Bourmont.

Et il demanda, en même temps des renseignements au général Bonnaire, qui lui fit parvenir le rapport suivant :

Condé, le 4 août 1815.

« MONSEIGNEUR,

» Pour satisfaire à l'ordre de Votre Excellence du 31 juillet dernier, concernant l'affaire Gordon, je me fais un devoir de vous rendre compte, que le 7 juillet, vers huit heures du matin, fut arrêté aux postes avancés, entre le village de Fresnes et le corps de la place, un individu, seul dans un cabriolet à deux chevaux, conduit par un paysan, cherchant à passer pour s'introduire en ville.

» Cet équipage et ses réponses aux interrogatoires du chef du poste, le faisant juger suspect, il y fut retenu, ce dont il me fut rendu compte.

» Ne pouvant juger de cet homme autre chose, qu'un individu fortement suspect, un être dangereux, qu'il convenait de ne point admettre dans la place, n'ayant justifié d'aucune affaire, mission, ni caractère pour y être reçu ; je lui ordonnai d'en sortir sur le champ. Entretemps, sa contenance et autres circonstances avaient redoublé les soupçons de la garde. Il fut fouillé, et sitôt ses papiers donnèrent la preuve de ses intentions perfides et contraires à la sûreté et tranquillité de la place, entr'autres une pièce contènant sa désertion de l'armée française à l'ennemi le 16 juin dernier, jour auquel il est prouvé par cette pièce, que cet individu s'est présenté à l'état-major de l'armée du prince d'Orange, pour y prendre du service.

» Dès-lors la garde ne vit plus en lui qu'un déserteur, un espion, pour ne rien dire de plus, un embaucheur enfin, cherchant à s'introduire dans la place pour soulever la garnison et faire rendre la place à l'ennemi.

» On revint me faire un second, un troisième rapports. La troupe était indignée, et faisait solliciter ordre de le fusiller. Il fallait calmer l'effervescence et l'exaltation des esprits de la soldatesque, exaspérée contre un homme justement alors considéré comme un traître. Voilà les raisons pour lesquelles cet homme, qui s'est mis hors la loi, a été fusillé.

» J'estime, Monseigneur, qu'il est au-dessous de moi de répondre aux faussetés, aux récits dénaturés que l'on a insérés dans plusieurs journaux.

» Tel est, Monseigneur, le narré véridique de l'évènement malheureux sur lequel je prie V. E. d'ordonner une enquête pour approfondir les faits par d'autres rapports, si elle le juge nécessaire ».

Ce rapport fait naître une foule de réflexions également importantes.

D'abord il n'est pas vrai que le colonel Gordon

ait été *arrêté* aux avant-postes, car il s'y est *présenté*, au contraire, *volontairement*, et s'y est annoncé comme commissaire agissant au nom du Roi.

En second lieu, il n'est pas plus exact de dire qu'*il ne justifia d'aucune affaire, mission, ni caractère pour être reçu dans la place*. Les ordres et les instructions dont il était porteur n'existent plus, puisqu'il les remit au général, qui les a anéantis; mais la mission dont il était chargé ne saurait être révoquée en doute, car elle est attestée par l'officier supérieur de qui il l'avait reçue.

Ce n'est pas avec plus de raison, que le général avance qu'en le fouillant, on lui trouva *des papiers qui donnèrent la preuve de ses intentions perfides et contraires à la sûreté et tranquillité de la place, entr'autres une pièce contenant sa désertion de l'armée française à l'ennemi le* 16 *juin, jour auquel il est prouvé par cette pièce, que cet individu s'est présenté à l'état-major de l'armée du prince d'Orange, pour y prendre du service.*

Ou l'on trouva sur lui plusieurs papiers qui décelaient *des intentions perfides et contraires à la sûreté et tranquillité de la place*, et dans cette hypothèse, le général n'aurait pas manqué de les conserver : ou la seule pièce qu'on découvrit est celle qui constatait son abandon des drapeaux de l'usurpateur, et l'on ne conçoit pas comment le général Bonnaire a osé se permettre d'appeler du nom de *désertion*, l'acte le plus honorable de dévouement et de fidélité ; lui qui, par la nature du serment qu'il avait prêté au Roi en recevant la croix de Saint-Louis, ne pouvait pas ignorer que ceux-là seuls méritaient le titre de *déserteurs*, qui, au mépris de la foi jurée, et insensibles aux malheurs dont une nouvelle invasion de l'Europe en armes menaçait la patrie, avaient trahi la cause légitime, pour servir celle de leur détestable chef.

Ajoutons qu'il y a une insigne mauvaise foi à avancer que le colonel Gordon *s'était présenté à l'état-major de l'armée du prince d'Orange pour y prendre du service*, et fournissons-en la preuve.

Les troupes hollandaises furent les premières troupes alliées que le colonel rencontra. Il se fit présenter au prince d'Orange, dont le quartier-général était à Nivelles, et lui déclara que son intention était de se rendre à Gand, auprès du roi de France, où l'appelaient son devoir et ses sentiments. Son Altesse royale lui fit délivrer une feuille de route pour se rendre à Bruxelles : il s'y rendit, en effet, et se présenta d'abord à Son Altesse monseigneur le prince de Condé ; de-là il fut à Gand, où Son Excellence le duc de Feltre l'accueillit avec cette bienveillance que méritait un officier qui avait toujours été un modèle d'honneur et de loyauté.

Tous ces faits sont constants et repoussent le mensonge odieux par lequel on a essayé de flétrir la mémoire d'un homme qui a scellé de son sang son attachement invariable à l'honneur (1).

---

(1) Ce n'est pas seulement dans cette circonstance, que le colonel Gordon se montra fidèle à ses devoirs. Déjà et

Que dirons-nous maintenant de cet autre passage du rapport : *on revint me faire un second, un troisième rapport. La troupe était indignée, et faisait solliciter ordre de le fusiller. Il fallait calmer l'effervescence et l'exaltation des esprits de la soldatesque, exaspérée contre un homme justement alors considéré comme traître. Voilà les raisons pour lesquelles cet homme, qui s'est mis hors la loi, a été fusillé.*

Quelque besoin qu'on éprouve, pour l'honneur du grade de général français, de penser que le maréchal de camp Bonnaire n'a eu aucune part à un crime aussi lâche et aussi atroce ; comment se défendre de l'idée qu'il l'a ordonné, quand on lit ce fragment?

Et si nous admettons cette conjecture malheureusement trop vraisemblable, nous dirons encore au général, que le caractère de *parlementaire*, quelle que pût être d'ailleurs l'opinion qu'il avait du colonel, devait mettre celui-ci non-seulement

---

à l'époque où il avait appris que le roi avait été forcé de quitter la capitale, il s'était empressé de manifester hautement l'intention de tout entreprendre pour assurer le triomphe de la bonne cause. Voici une attestation qui lui fut délivrée par S. E. le duc de Reggio, et qui ne laisse aucun doute à cet égard :

» Je déclare que le colonel Gordon, chef de la 3e « division militaire à Metz, s'est présenté à moi dans le » courant de mars 1815, me demandant d'être employé » activement pour marcher contre l'usurpateur et le » combattre en personne ; et que s'il n'y a pas été » employé, c'est parce que la défection des troupes a rendu » son zèle inutile ».

Signé, Maréchal OUDINOT.

à l'abri d'un assassinat, mais même à l'abri de l'insulte la plus légère.

Quoi! lorsque les ambassadeurs de Tarquin, venus à Rome, sous prétexte de réclamer les biens particuliers de leur maître qui avait été chassé, y conspirèrent contre la patrie, les Consuls et le Sénat respectant en leurs personnes le droit des gens, se bornèrent à les renvoyer!...(1).

Quoi! lorsque l'évêque de Roff, ambassadeur de la reine d'Ecosse, conspira avec le duc de Norfolk, contre la reine d'Angleterre, les Anglais se contentèrent de l'arrêter, de le confronter avec les coupables, et de le renvoyer chez lui!...

Quoi! lorsque sous Henri IV, un nommé Mérargues avait comploté avec le secrétaire de l'ambassadeur d'Espagne, de livrer Marseille au roi d'Espagne, le parlement condamna Mérargues au supplice, et remit le secrétaire entre les mains du Roi, qui le renvoya à l'ambassadeur à condition qu'il le ferait sortir incessamment du royaume!...

Quoi! l'ambassadeur sujet du prince, près duquel il réside, et *condamné antérieurement par ses tribunaux*, vit tranquille à l'abri du droit des gens, qui, là encore, l'emporte toujours sur le droit civil!...

Et il suffirait au commandant d'une place, des soupçons que lui inspirerait un homme qui se présenterait à lui, sous la sauve-garde encore plus

---

(1) *Et quamquam visi sunt* (Legati) *commississe, ut hostium loco essent, jus tamen gentium valuit.* Tit. Liv. lib. 2 cap. 4.

sacrée d'un *parlementaire*, pour attenter à sa vie? .... Non, rien ne peut excuser une action aussi infâme.

Qu'importe que les soldats ayent *fait solliciter l'ordre de fusiller le colonel Gordon!* Qu'importe que leur exaspération fût telleque le général veut le faire entendre! Son devoir à lui était de se servir de toute son autorité pour contenir les mutins, de faire un rempart de son corps à l'*envoyé de son Roi*, et de périr, s'il le fallait, plutôt que de laisser commettre un forfait aussi exécrable.

Il y avait d'ailleurs, en supposant même que les circonstances exigeassent quelques ménagements pour les soldats, il y avait un moyen bien simple de sauver le colonel : c'était de le faire constituer en prison et d'ordonner la convocation d'un conseil de guerre. Cet appareil menaçant aurait calmé les esprits, et à cette époque, quelques heures suffisaient pour recevoir des instructions sur la marche qu'on devait suivre.

Comment donc M. Chauveau-Lagarde a-t-il pu s'oublier dans son Mémoire pour le général Bonnaire, jusqu'à dire que ce malheureux évènement était arrivé dans un moment où Sa Majesté Louis XVIII, qui, par son imprescriptible souveraineté n'avait cessé de régner *de droit* sur la France, comme elle régnait sur le cœur des Français par la reconnaissance et l'amour, n'était point encore, *par le fait*, rétablie sur son trône; mais qu'il existait, au contraire, un *gouvernement provisoire, un prétendu corps législatif, et un ministère qui,* DANS LE FAIT, *se partageaient seuls toute la puissance, et exerçaient seuls toute l'autorité?*

A-t-il voulu accréditer, par là, l'opinion du général Bonnaire et de ses soldats, que le colonel Gordon, au moment où il fut assassiné, *était justement considéré comme traître?*

Cette doctrine est celle des hommes qui parlent toujours de l'obéissance qu'on doit aux *gouvernements de fait*, afin de justifier toutes les bassesses auxquelles ils descendent pour conserver leurs honneurs et leurs places : mais elle a lieu d'étonner dans la bouche d'un sujet aussi fidèle. Les principes sacrés de l'honneur ne varient pas selon les circonstances; ils sont imprescriptibles, et le colonel Gordon n'était pas plus un *traître* avant la rentrée du Roi dans sa capitale, qu'il ne l'était après.

M. Chauveau-Lagarde doit savoir d'ailleurs, aussi bien que nous, que le *Gouvernement provisoire*, et *le prétendu Corps législatif*, et *le ministère* dont il parle, n'avaient pas plus de droits que n'en avait Bonaparte lui-même; et que, bien que le Roi ne soit rentré dans Paris que le lendemain, son autorité était la même, parce que cette autorité le suit dans tous les lieux où il se trouve; à moins qu'on ne prétende qu'il suffit d'occuper le château des Tuileries pour avoir le droit de gouverner la France; et c'est ce que les simples inspirations de la raison ne permettent pas d'admettre.

» Mais, dit encore le défenseur en parlant de la licence de la guerre : « Il ne faut pas croire » que cette cruelle licence des combats et cette » morale sanglante de la guerre n'ayent aucun » fondement : elles se trouvent justifiées par le

» même principe qui autorise le meurtre volon-
» taire entre particuliers dans le cas de *la né-*
» *cessité d'une légitime défense ;* et de là vient
» que les mêmes publicistes qui en ont consa-
» cré les règles dans leurs immortels ouvrages,
» disent, en parlant de la modération avec la-
» quelle on doit traiter ses ennemis, qu'il faut
» les épargner toutes les fois qu'on le peut ;
» mais qu'*attendu que le salut de l'Etat est la loi*
» *suprême,* il faut les faire mourir *toutes les fois*
» *que cela est nécessaire, pour nous garantir*
» *nous-mêmes ou de la mort ou de quelqu'autre*
» *danger imminent, ou pour punir des crimes*
» personnels dignes du dernier supplice : et ils
» mettent au nombre de ces crimes celui des
» *transfuges,* et celui des personnes qui se sont
» rendues coupables de PERFIDIE ».

Peut-on, de bonne foi, assimiler l'assassinat du colonel Gordon au meurtre volontaire entre particuliers, dans le cas de *la nécessité d'une légitime défense?*

Peut-on dire que *le salut de l'Etat* exigeait sa mort ?

Peut-on soutenir que sa mort fût *nécessaire pour* garantir ses bourreaux *du même sort ou de quelqu'autre danger imminent ?*

Enfin peut-on avancer que ceux qui l'ont impitoyablement égorgé eussent à punir en lui des crimes personnels dignes du dernier supplice, tels que *celui des* TRANSFUGES *et celui des personnes qui se sont rendues coupables de* PERFIDIE ?

Mais il était *seul, sans défense !...*

Mais ce sont ses meurtriers même qui avaient mis l'Etat en péril ; et il se présentait à eux pour leur annoncer le retour du prince adoré qui pouvait seul nous réconcilier une seconde fois avec l'Europe !...

Mais les barbares qui l'ont frappé n'avaient à redouter ni *la mort ni quelque autre danger imminent.* Hélas ! il cherchait au contraire à leur éviter les dangers des combats, en les engageant à se soumettre au Roi !...

Mais il n'était ni *transfuge* ni *perfide*, celui qui n'avait abandonné l'étendart de la félonie que pour se ranger sous celui de la fidélité !... Il pouvait mériter, à leurs yeux, ce double reproche ; mais c'était encore un devoir de l'épargner, car ces maximes d'humanité, de modération, de droiture et d'honnêteté que la loi naturelle impose à toutes les nations, s'appliquent aux guerres civiles comme aux guerres d'Etat à Etat, parce que les deux partis doivent se ménager les mêmes moyens de rétablir la paix (1).

On voit donc que M. Chauveau-Lagarde, oubliant, dans l'excès de son zèle pour son client, ces principes de justice primitive et de saine philosophie que les premiers jurisconsultes de Rome apportaient au barreau (2), a commis

(1) Il ne faut pas d'ailleurs perdre de vue qu'en admettant même que le colonel Gordon ne fût pas investi du caractère sacré de parlementaire, et qu'on pût le considérer comme un *espion* et un *traître*, on ne pouvait pas lui faire subir la mort, sans un jugement préalable.

(2) *Cum primi jurisconsulti Romœ florebant, non*

de graves erreurs ; et nous croyons en avoir assez dit à cet égard, pour n'avoir pas besoin de répondre au paragraphe de son mémoire que nous avons cité en commençant notre travail, parce que ce paragraphe n'est que la conséquence des faux principes que nous venons de combattre.

La commission d'enquête, qui avait été formée par les ordres du ministre, fit son travail et conclut dans les termes suivants (1) :

« Sans avoir égard à la mission dont le colonel Gordon était chargé, qu'elle fût légale ou non, et en supposant qu'il n'en eût aucune, qu'il pût être considéré comme traître ou espion, le général Bonnaire n'est pas moins coupable.

» Quoique les pouvoirs d'un gouverneur ou commandant de place dans une ville en état de siége soient absolus, son autorité ne s'étend pas au droit de vie et de mort. Ses devoirs sont tracés par toutes les lois, et il est responsable de ses actions.

» Le conseil, considérant que le colonel Gordon a été mis à mort sans jugement préalable, est d'avis qu'il y a lieu à accusation contre le maréchal-de-camp Bonnaire, son aide-de-camp, et les soldats qui ont traité si inhumainement ce

---

solum ex legum verbis, vel ex usu fori, sed etiam ex decretis severioris philosophiæ sententias depromebant. Heineccii Antiquit. Roman. *lib. prim. tit.* 21. §. 34.

(1) Les membres de cette commission étaient, messieurs le lieutenant-général Fauconnet, le maréchal-de-camp Charnottey, et le colonel Tressart.

colonel avant de lui donner la mort, pour ce fait seulement, s'ils parviènent à être connus; et que les uns et les autres doivent être traduits devant un tribunal compétent ».

Cet avis ayant été adopté par le ministre, le maréchal-de-camp Bonnaire et le lieutenant Miéton furent renvoyés devant le conseil de guerre de la première division militaire, comme accusés : le premier, d'avoir ordonné ou autorisé la mort du colonel Robert Gordon, en violation du droit des gens et sans aucun égard pour le caractère sacré de parlementaire dont il était revêtu; et le second, d'avoir pris la part la plus active à ce meurtre.

Voici les noms des membres du conseil : on trouvera dans sa composition une preuve de plus de l'excellent esprit qui anime M. le lieutenant-général comte Despinois.

Président. M. le duc de Maillé, maréchal-de-camp, premier gentilhomme de S. A. R. MONSIEUR.

Juges. MM. le comte de la Ferronnaye, maréchal-de-camp, premier gentilhomme de S. A. R. le duc de Berry;

Le comte de Maccarthy, maréchal-de-camp, aide-de-camp de S. A. S. le prince de Condé;

Le marquis de Maleyssie, colonel de la légion de l'Indre;

Le vicomte de Pons, chef d'escadron d'état-major;

Le comte de Vergennes, capitaine d'état-major;

Degouy, capitaine-adjudant de place.

Commissaire du Roi. M. Fleury de Villiers, capitaine à la légion de l'Indre.

Rapporteur. M. de Mellon, chef de bataillon d'état-major.

Le conseil s'assembla le 5 juin, et consacra cette première séance toute entière à entendre la lecture des pièces de l'instruction, ainsi que des interrogatoires que M. le rapporteur avait fait subir aux deux accusés; mais, afin d'épargner au lecteur des répétitions fatigantes, nous ne mettrons sous ses yeux que le tableau du débat, parce que tout ce qui composait l'instruction écrite a dû s'y reproduire, et s'y est en effet reproduit.

Le lendemain à midi, le général Bonnaire fut d'abord introduit seul. Il était revêtu du petit uniforme de maréchal-de-camp, décoré de la croix de Saint-Louis, de la Légion d'Honneur et du Lys.

Voici les diverses questions qui lui furent adressées soit par le président, soit par les autres membres du conseil, et ses réponses.

Demande. Quels sont vos nom, prénoms, âge, profession, grade, décorations, lieu de naissance et domicile?

Réponse. Je me nomme Jean-Gérard Bonnaire; je suis âgé de quarante-cinq ans; je suis maréchal-de-camp, ex-commandant de la place de Condé, officier de la Légion d'Honneur et chevalier de Saint-Louis; je suis né à Covey, département de l'Aisne.

D. Vous savez ce dont vous êtes accusé : avez-vous des moyens à proposer avant qu'on passe à votre interrogatoire ?

R. On veut sans doute parler de moyens préjudiciels : je n'en ai point à proposer.

D. Lorsque le colonel Gordon vous a été présenté, l'avez-vous pris pour un parlementaire ?

R. Jamais. Je l'ai pris, au contraire, pour un émissaire des troupes hollandaises qui faisaient le blocus de la place.

D. Quel costume avait-il ?

R. Une espèce de déguisement ; il était vêtu d'une redingotte ; je crois aussi qu'il avait un frac par dessous, mais je ne l'ai pas vu.

D. Ne lui avez-vous pas fait ouvrir sa redingotte ?

R. Non.

D. Ignoriez-vous qu'il eût été escorté jusqu'à Fresnes par un détachement hollandais ?

R. Il s'était présenté au poste qui l'avait arrêté, comme venant m'apporter des dépêches.

D. Il ne vous a pas déclaré qu'il fût escorté ?

R. Il ne me l'a pas déclaré : il n'était pas nécessaire qu'il fût escorté s'il s'était présenté comme parlementaire.

D. Avait-il annoncé qu'il était parlementaire ?

R. Il n'en avait pas parlé : il n'en avait pas les signes extérieurs, seuls moyens de le reconnaître.

D. Dans votre interrogatoire écrit, vous avez

dit qu'il avait reçu de mauvais traitements : en étiez-vous instruit quand il a paru devant vous ?

R. Je les ignorais alors : je n'en ai entendu parler que depuis.

D. Votre aide-de-camp Miéton ne vous en a pas parlé ?

R. Non, il ne m'en a pas parlé.

D. Si vous l'avez pris pour un espion, pourquoi ne l'avez-vous pas traduit à un conseil de guerre ?

R. Lorsque j'ai examiné la lettre signée de lui, qui portait en substance que Louis XVIII était rentré à Paris, que l'armée et la nation lui avaient fait leurs soumissions, voyant qu'il n'avait aucune pièce, aucun titre officiels, je demandai s'il y avait à Condé une prison séparée de celle des soldats, où l'on pût le renfermer. Au même moment, la troupe, qui avait déjà manifesté l'intention de le tuer, dit qu'il n'irait pas jusque-là. Alors je jugeai à propos de le renvoyer, aimant mieux sauver un grand coupable que de le laisser périr sous mes yeux.

D. Pour admettre cette crainte de votre part, il faudrait supposer que toute la garnison était en insurrection ?

R. Je n'avais pas dans ce moment-là toute la garnison à ma disposition ; et d'ailleurs, dans la situation critique où je me trouvais, j'étais obligé de favoriser ostensiblement l'esprit d'aveuglement de la troupe seul soutien de la ville.

D. De quel grand crime jugiez-vous le colonel Gordon coupable, si ce n'est de celui d'avoir abandonné les drapeaux de l'usurpateur pour ceux de son souverain légitime?

R. D'abord j'étais toujours trompé sur son véritable caractère. Il se présentait comme Français, et il était Hollandais; il se disait porteur de dépêches et d'ordres, et il n'avait pas une pièce authentique (1). Je dûs le prendre pour un espion.

D. Il était porteur d'une pièce signée du duc de Feltre?

R. Il n'en avait pas : il pouvait en avoir qui fûssent signées du général Bourmont, mais elles n'étaient point revêtues de la signature du duc de Feltre, la seule que je pûsse reconnaître comme officielle.

---

(1) Les pièces dont le colonel Gordon se trouvait porteur, étaient, d'après la déclaration de Mr. le lieutenant général comte de Bourmont :

1°. Un ordre de remettre le commandement de la Place au colonel Gordon;

2°. La copie d'une circulaire aux autorités civiles, ainsi conçue :

« Le Roi ayant nommé Mr. le comte de Bourmont
» Gouverneur de la 16e division militaire, il est ordonné
» aux autorités civiles et militaires d'obéir aux ordres
» qu'il leur adressera.—Fait au quartier général de S. M,
» le 30 juin 1815.—Signé, le ministre de la guerre, duc
» de Feltre. »

3°. Un ordre au Colonel Gordon de prendre le Commandement de la place de Condé, et une instruction sur ce qu'il convenait d'y faire.

Assurément rien n'était plus *authentique*, mais on conçoit sans peine que les agents de l'usurpateur ne voulussent regarder comme tel, que ce qui émanait de lui ou de ses ministres ; et voilà pourquoi le général Bonnaire méconnut les pouvoirs du colonel.

D. Si rien ne prouvait qu'il était parlementaire, rien ne prouvait non plus qu'il fût un espion?

R. Pardon : l'imprudence de s'introduire dans nos ouvrages sans remplir les formalités d'usage; l'intention que je lui supposais de s'introduire furtivement dans la place; tout me le faisait considérer comme un véritable émissaire de l'ennemi.

D. Il est constaté qu'il avait un chapeau militaire, une cocarde blanche, les décorations du lys et de la croix de Saint-Louis, un uniforme militaire, qui depuis a été vendu. L'avez-vous ignoré?

R. Les dépositions éclairciront ces faits, mais je n'en ai pas eu connaissance (1).

D. Vous venez de déclarer que vous le considériez comme espion. J'admets cette assertion : mais la loi porte qu'un espion doit être enfermé et jugé?

R. Je ne l'ignorais point : aussi j'ai voulu le faire conduire en prison; mais je craignais qu'il ne fût tué en route par la troupe; ce motif m'a déterminé à le renvoyer, parce que, comme je l'ai déjà dit, j'aimais mieux sauver un grand cou-

---

(1) Mais quand on voudrait croire, en effet, que ce général *n'avait pas eu connaissance de ces faits*, il ne s'en suivrait pas qu'il eût été autorisé à considérer le colonel Gordon comme un espion.

Un espion est un homme qui s'introduit *furtivement* dans une place ou dans un camp, pour observer les mouvements de l'ennemi : mais celui qui se présente, en plein jour, et s'annonce comme porteur de dépêches pour le commandant d'une place, ne peut jamais être soupçonné de jouer un pareil rôle.

pable, que de le voir périr à mes yeux. C'est pour cela que j'ai donné l'ordre de le laisser aller, et pour entrer dans l'esprit de la troupe, de lui tirer un coup de canon quand il serait à une distance où il ne pouvait être atteint (1).

D. Vous vouliez le soustraire au danger, et vous le laissiez entre les mains de cette même garde qui vous avait manifesté de si mauvaises intentions contre lui?

R. Quel autre moyen avais-je en mon pouvoir, lorsque l'insubordination régnait par-tout, que le charme du commandement était détruit, et que, pour conserver la place, j'étais obligé de protéger l'aveuglement de la troupe?

D. Si vous l'aviez pris sous votre protection, que vous ne l'eûssiez pas quitté?

R. Dans ma situation! marchant comme je marche (2)! Au moins aurait-il fallu que je le crusse parlementaire (3).

---

(1) Mais si vous redoutiez de ne pas être obéi en ordonnant de le conduire en prison, vous n'avez pas dû vous attendre à plus de soumission lorsque vous avez donné l'ordre de le laisser partir; car cette mesure était encore moins propre à satisfaire les soldats, que ne l'aurait été l'emprisonnement. Plus vous cherchez à faire entendre qu'ils demandaient sa tête, et plus il vous sera difficile de persuader que c'est *pour le sauver*, que vous l'avez laissé entre leurs mains...

(2) Le général, par suite de ses blessures, boîte douloureusement.

(3) Tout prouvait sa mission; mais en supposant, au surplus, qu'elle ne fût pas assez justifiée à vos yeux, c'était un homme, et vous deviez le protéger jusqu'à ce qu'il eût été reconnu coupable.

D. Vous deviez le protéger. Or, si vous croyiez la garde assez soumise pour le conduire hors des ouvrages, vous deviez la croire assez soumise aussi pour le conduire chez vous ; une fois chez vous, vous pouviez envoyer un officier en parlementaire pour approfondir les faits ?

R. Je n'avais aucun fait à approfondir ; je ne pouvais pas supposer que le colonel fût parlementaire, puisqu'il avait violé toutes les formalités. Au reste, s'il ne s'était agi que de le sauver, quoique je le crusse un grand coupable, je l'aurais sauvé au péril de ma vie ; mais il fallait sauver la place avant tout.

D. Vous regardiez donc la garde comme assez soumise pour le conduire hors des lignes ?

R. Je le croyais au moyen du stratagême du coup de canon, qui devait la satisfaire.

D. Il me semble qu'en le faisant juger, vous pouviez satisfaire la garde, beaucoup mieux qu'en lui faisant tirer un coup de canon ?

R. Cela est possible ; si l'idée m'en était venue, je ne sais pas ce que j'aurais fait ; mais la seule intention que j'aye eue a été de le sauver.

D. Jusqu'à présent vous nous avez beaucoup parlé de l'effervescence des troupes ; et cependant les soldats même qui ont fusillé le colonel, déclarent qu'ils n'auraient rien fait contre lui s'ils n'en avaient pas reçu l'ordre ?

R. Cette déclaration ne m'étonne pas, si elle vient de ceux qui ont tiré.

D. Il est de fait que vous l'aviez condamné d'avance ?

R. C'est vrai, je l'avais jugé; j'étais toujours trompé sur son caractère.

D. Lorsque vous avez donné l'ordre de le conduire à Fresnes, et de lui tirer un coup de canon, aviez-vous la croyance que le coup l'atteindrait?

R. A cette distance, moi qui marche lentement, je braverais cent coups de canon.

D. Cependant vous avez écrit, quelques jours après, au général Authing qu'il ne pouvait occuper le village de Fresnes, parce qu'il était sous le canon de la place?

R. Ce village est à la portée du canon, mais on ne pourrait atteindre un homme à cette distance, que par un coup de hazard.

D. Il résulte de vos déclarations, que vous ne donniez aucune garantie aux soldats?

R. Je ne leur donnais pas une garantie, mais je les appaisais.

D. Comment après avoir lu la lettre du duc de Feltre, n'avez-vous pas examiné le parlementaire avec plus d'attention?

R. J'ignorais ce qui s'était passé.

D. Vous connaissiez la rentrée du Roi en France, dès le premier juillet.

R. Devais-je m'en rapporter au général investissant? A-t-on jamais vu un souverain charger l'étranger de conserver ses places fortes (1)?

---

(1) Cette réponse est aussi impudente qu'absurde. Nous savons, aussi bien que l'accusé, que, dans des temps ordinaires, un souverain ne charge pas l'étranger de conserver ses places fortes; mais quand ce souverain a été

D. Dans les circonstances, vous saviez qu'il n'y avait qu'une armée étrangère qui pût ramener le Roi?

R. C'était une raison de plus pour me mettre en garde. J'agissais dans l'intérêt du Roi, j'étais sourd à toute autre considération (1).

D. Mais le colonel Gordon était au service du Roi?

R. Je l'ignorais; il avait servi différentes causes, et en supposant qu'il n'eût pas péri, je ne pouvais, d'après les papiers qu'il avait sur lui, le considérer comme officier du Roi (2).

D. Des témoins ont dit que le colonel Gordon était porteur d'une lettre du duc Feltre?

---

réduit, par la plus épouvantable défection, à sortir de ses états; quand l'armée, entraînée par quelques-uns de ses chefs, a tourné ses armes contre lui et contre la patrie; quand il ne peut reconquérir son trône et délivrer son peuple, que par le secours de ses alliés, est-il donc étonnant que ce soit eux qui somment les rebelles de se soumettre à son autorité? Il faut être d'une insigne mauvaise foi, pour oser se permettre de blâmer l'usage d'un moyen qui était alors *le seul qu'on pût employer !*

(1) Il *agissait dans l'intérêt du roi*, et non-seulement il laissait outrager sous ses yeux, mais il outrageait lui-même un des envoyés de ce prince!.... Ah! s'il avait été animé d'un sentiment si noble, avec quels transports de joie, avec quels égards n'aurait-il pas, au contraire, accueilli, nous ne disons pas le parlementaire, mais l'homme même le plus obscur qui serait venu lui annoncer le triomphe du souverain légitime?....

(2) Parlez plus franchement, et convenez que c'est en haine du roi et de ses sujets les plus dévoués, que vous avez méconnu le colonel.

R. Si ces dépositions étaient fondées, elles auraient été confirmées par le ministre lui-même.

Le Rapporteur. « Si j'avais cru nécessaire de demander des renseignements au ministre de la guerre, je l'aurais fait : mais quel était l'intermédiaire entre le ministre et le commandant de la ville de Condé ? C'était le général commandant la division, le comte de Bourmont ; c'était son chef d'état-major le colonel Clouet. Dès-lors si ces officiers affirmaient la sincérité des lettres du ministre, le général Bonnaire devait les regarder comme authentiques.

D. L'une des pièces, dont le colonel était porteur, était revêtue de la signature de M. le comte de Bourmont ?

R. M. de Bourmont ne pouvait pas m'inspirer plus de confiance : je savais quelle conduite il avait tenue les 13 et 14 mars, et comment il avait agi le 16 juin (1).

D. Vous avouez qu'il n'y a pas eu de jugement contre le colonel ?

R. Je vous ai dit comment les faits s'étaient passés, et vous avez vu qu'il n'y avait pas eu de jugement.

---

(1) Ce que vous dites du comte de Bourmont est une atroce calomnie : le maréchal Ney avait essayé, comme vous, d'élever des soupçons sur son compte ; mais il a été reconnu que la conduite de ce général, dans les journées des 13 et 14 mars, n'avait pas cessé d'être pure ; et, quant au reproche que vous lui faites, d'avoir abandonné, le 16 juin, les drapeaux de l'usurpateur, c'est un titre de plus à l'estime publique et à la confiance dont le roi l'honore.

D. D'après votre déclaration, lorsque votre ide-de-camp vous a apporté les papiers trouvés ur le colonel, vous avez éprouvé une indignaion telle que vous ne vous rappelez pas ce que ousavez dit. Quelle était la cause de votre indignation?

R. D'abord les pièces prouvaient que le colonel était Hollandais, qu'il avait déserté l'armée e 16 juin. Comme Hollandais, je devais natuellement avoir des soupçons sur son caractère, t le regarder comme un véritable émissaire de 'ennemi (1).

D. Le colonel ayant été fusillé malgré vos orlres, avez-vous puni ceux qui l'ont fusillé?

R. Je n'ai point puni ceux qui l'ont fusillé,

---

(1) Un émissaire de l'ennemi était encore, dans cette irconstance, un *émissaire du roi*, puisque l'Europe ntière n'avait pris une seconde fois les armes que pour aire triompher le principe salutaire de la légitimité, et ue son vœu était d'accord avec celui de l'immense maorité des Français. Les guerres qui n'ont pour but que de epousser les usurpateurs, maintenir des droits légitimes, arantir la liberté des nations et d'éviter la violence des mbitieux et des tyrans du monde, sont conformes au lroit naturel et à la justice. Elles ont toujours, sans doute, les résultats fâcheux pour les peuples mêmes dans l'intérêt lesquels elles sont entreprises; mais ces inconvénients, uelques graves qu'ils soient, ne sont rien auprès des langers qu'entraînerait la violation des principes conserateurs des états.

Ce n'est donc pas dans les armées étrangères qu'était *'ennemi*, mais bien dans cette poignée de rebelles, qui, oulant aux pieds leurs serments et sourds à la voix de la patrie, ressemblaient à des enfants dénaturés qui aideraient in brigand à piller la maison de leur père.

parce que, dans l'intérêt de la place, j'ai cru ne devoir faire aucune recherche contre ceux qui étaient les auteurs de sa mort.

D. Lorsque le conseil municipal s'est assemblé, lui avez-vous dit : je viens de faire fusiller un traître ?

R. Si j'avais commis le crime qu'on m'impute, il faudrait me supposer un degré d'ineptie bien rare pour le proclamer hautement, le publier dans un ordre du jour, et provoquer mon jugement un mois après par un rapport au ministre.

D. Vous ne reconnaissez donc pas votre ordre du jour ?

R. Je l'ai reconnu, général.

(Cet ordre et le rapport au ministre, dont nous avons donné le texte, sont représentés au général, qui les reconnaît de nouveau).

D. D'après votre rapport au ministre, il paraîtrait que si vous n'avez pas ordonné le meurtre du colonel Gordon, au moins vous l'avez approuvé? (1)

---

(1) Il nous semble que c'est une concession par trop généreuse, que de considérer ce rapport comme une simple approbation du meurtre. « La troupe était indignée » et faisait solliciter l'ordre de le fusiller. Il fallait calmer » l'effervescence et l'exaltation des esprits de la soldatesque exaspérée, contre un homme justement alors » considéré comme traître. Voilà les raisons pour lesquelles » cet homme, qui s'était mis hors la loi, a été fusillé. » Si le crime avait été commis dans un moment d'insubordination, le général n'aurait certainement pas employé un tel langage : il aurait raconté les faits en les déplorant, et son unique tort serait de n'avoir pas puni les coupables.

R. Ce rapport ne prouve pas que j'aye donné l'ordre de le tuer. Je n'ai pas, à la vérité, désapprouvé le meurtre, et cela dans l'intérêt de la place.

D. Quel bon effet cela a-t-il produit?

R. Les esprits étaient très-exaltés dans la troupe, en raison de ce qu'après la bataille de Waterloo, les officiers et les soldats qui s'étaient jetés dans la place avaient rendu compte de la trahison de plusieurs officiers français. Il en était résulté une sorte de désespoir, une grande désertion favorisée par le général Authing.

D. Si vous aviez fait condamner et fusiller le colonel, la troupe aurait été bien autrement satisfaite?

R. Ceci se rapporte à ma première intention de le faire mettre en prison.

D. Et les moyens que vous avez employés ont causé sa mort?

R. Malgré mes efforts, le résultat a été le même.

D. Vous déclarez qu'instruit que le colonel avait été fusillé par des soldats de la place, vous n'avez employé aucun moyen pour les punir?

R. Oui, comme je l'ai déclaré par mes écrits.

Mais dire que le colonel Gordon *a été fusillé parce qu'il fallait calmer l'effervescence et l'exaltation des esprits*, n'est-ce pas avouer qu'il a ordonné sa mort, au moins par faiblesse; surtout quand on rapproche ce rapport de l'ordre du jour dans lequel il parlait de ce meurtre comme d'un châtiment mérité?

D. Vous persistez à nier la déposition de plusieurs témoins qui rapportent, qu'au conseil municipal, vous avez dit que vous aviez fait fusiller le colonel ?

R. Je n'ai pas pu dire que je l'avais fait fusiller. J'ai pu dire qu'un traître avait été fusillé. Si je m'étais souillé du crime qu'on m'impute, je ne l'aurais pas dit publiquement (1).

D. Le fait était assez connu ?

R. Rien ne m'obligeait de m'en charger moi-même.

D. Pourquoi avez-vous ordonné de tirer à mitraille ?

R. Je n'ai jamais donné cet ordre. Si j'avais voulu faire périr le colonel, je n'aurais pas donné l'ordre de tirer sur lui à une si grande distance.

D. Quand votre aide-de-camp est venu vous annoncer la mort du colonel, lui avez-vous fait des reproches, quelques observations ?

---

(1) Que vous ayiez dit : *On vient de fusiller*, ou : *Je viens de faire fusiller*, etc., le résultat nous paraît le même, parce que rien ne se fait dans une place qu'en vertu des ordres du général qui la commande, et parce que, loin de manifester votre indignation contre cet exécrable assassinat, vous l'avez approuvé, en ajoutant que *vous alliez sévir contre tous les royalistes*. Ici, il ne s'agissait plus de *complaire à la troupe*, c'est à des magistrats que vous parliez ; et il est naturel de croire que vous ne vous êtes glorifié à leurs yeux, de ce tragique événement, qu'afin d'intimider ceux d'entr'eux dont les sentiments contrariaient vos vues, et parce que vous vous flattiez encore que l'auguste dynastie que vous aviez proscrite, en acceptant les *articles additionnels*, ne remonterait pas sur son trône.

R. Je l'avais appris avant par la voix publique.

D. Vous avez donc voulu appaiser les soldats n sacrifiant le colonel?

R. Je ne l'ai point sacrifié : j'ai tout au plus oléré ou approuvé ce malheureux événement, :t j'ai cherché à en tirer parti.

D. A qui avez-vous donné l'ordre de tirer le :oup de canon?

R. Je n'ai pas désigné la redoute qui devait 'aire feu, mais il était naturel que ce fût celle lu moulin qui est près du chemin. J'ai ordonné]u'il serait tiré sur lui; mais je n'ai pas prescrit le point d'où le coup devait partir.

D. N'avez-vous pas dit à votre aide-de-camp de porter l'ordre à la batterie?

R. Non.

D. Vous venez de déclarer que vous vouliez appaiser les soldats et sauver le colonel. En le faisant reconduire, l'avez-vous mis sous la surveillance de votre aide-de-camp, ou l'avez-vous laissé à la discrétion de la soldatesque?

R. Je n'avais chargé personne de veiller sur sa vie et de le protéger. Si j'avais pu concilier ce raisonnement avec mes devoirs à l'égard de la place, je l'aurais fait; mais je devais tout sacrifier à l'intérêt de la place, et je ne pouvais faire ce raisonnement (1).

---

(1) Ne dites donc pas que vous avez voulu le sauver, car vous n'auriez pas pu en concevoir l'idée sans adopter en même temps tous les moyens propres à la réaliser; et l'intérêt de la place n'a[illegible]ait pas été compromis par un ordre secret donné à votre aide-de-camp, ou à tout autre, de protéger la retraite du colonel.

D. Ainsi personne n'était chargé spécialement de veiller sur lui?

R. J'avais bien chargé quelqu'un de ce soin, puisque j'avais donné ordre de le reconduire.

D. Vous semblez peindre votre autorité comme douteuse et mal assurée; cependant il résulte du mémoire même que vous avez publié pour votre défense, que vous ne craignîtes point de montrer plus tard beaucoup de fermeté; que vous prîtes les mesures les plus vigoureuses contre la désertion; et que non content d'avoir consigné la troupe et placé partout des postes commandés par des officiers sûrs, vous aviez ordonné de faire feu sur tout rassemblement de soldats?

R. Les circonstances n'étaient plus les mêmes. Le drapeau blanc était arboré, le mouvement était fait; j'avais la presque-certitude que les arrangements généraux avaient été pris entre le roi et les étrangers (1).

D. En faisant reconduire le colonel par votre aide-camp, n'avez-vous pas fait part à celui-ci, en particulier, de vos intentions?

R. Obligé de feindre, je ne pouvais lui parler en particulier.

(1) Cette réponse n'est nullement satisfaisante. En effet, si la troupe avait été exaspérée par la seule crainte de voir triompher la cause légitime, elle devait être encore plus mécontente lorsqu'elle apprit le rétablissement de l'autorité royale; et puisque le général crut pouvoir se permettre alors d'agir avec tant de rigueur, comment douter qu'il eût pu se conduire de même, à l'époque de l'assassinat du colonel, s'il en avait eu la volonté?

D. Un mot est bientôt dit ?

R. Général, dans notre métier on ne dit pas de mot semblable. Si j'avais donné l'ordre de le fusiller, je vous le dirais de même.

D. Le colonel avait-il pu arriver à Condé sans traverser le camp des alliés ?

R. Non, sans doute, et c'est surtout cette circonstance qui avait dû me le faire considérer comme un émissaire des troupes qui nous assiégeaient (1).

M. Macarty, l'un des juges, résume ainsi les faits dont la preuve résulte des aveux mêmes de l'accusé :

« Gordon, soupçonné d'être espion, n'est pas jugé, il est tué. Point de recherches pour découvrir les auteurs du meurtre, point d'ordre du jour qui le désapprouve : au contraire, un ordre du jour qui annonce qu'un traître a été puni, et approuve sa mort ».

Le général Bonnaire ne répond pas. M. le président ordonne qu'on l'éloigne, et que le lieutenant Miéton soit amené.

---

(1) Réponse absurde, car puisqu'on ne pouvait pas se présenter à Condé sans traverser le camp des assiégeants, cette circonstance n'autorisait pas le général à considérer le colonel comme un de leurs émissaires. Elle était, au contraire, un motif de plus pour croire qu'il était un envoyé du Roi. Dans le système de l'accusé, malheur au comte de Bourmont, malheur au duc de Feltre, malheur peut-être au Roi lui-même, s'ils étaient arrivés à Condé ! ils auraient été considérés comme des *émissaires de l'ennemi* et accueillis comme le fut le malheureux Gordon.

Ce second accusé déclare se nommer Antoine Miéton, né à Lyon, le 21 décembre 1782, lieutenant aide-de-camp.

Demande. Lorsque Gordon s'est présenté devant vous, avait-il un uniforme, une cocarde, des décorations ?

Réponse. Il n'avait pas d'uniforme, il était vêtu d'un surtout ; il avait un chapeau avec une cocarde blanche, un ruban rouge et blanc à sa boutonnière.

D. Lorsque vous lui avez vu ses décorations, les lui avez-vous arrachées ?

R. Non.

D. Lui avez-vous demandé en quelle qualité il se présentait ?

R. Non. On m'avait prévenu qu'il voulait parler au général : le général m'avait donné ordre de le lui amener : j'ai exécuté cet ordre.

D. Par qui les décorations lui ont-elles été arrachées ?

R. Par la troupe, en ma présence.

D. Pourquoi l'avez-vous souffert ?

R. Je l'avais invité moi-même à ôter sa cocarde et son ruban, il refusa ; je réiterai l'invitation : même refus ; alors la troupe les lui arracha.

D. En avez-vous rendu compte au général ?

R. Je ne me le rappèle pas précisément.

D. Avez-vous fait quelque tentative pour vous opposer à cette violence ?

R. On les lui a arrachées avec tant de promptitude, que je n'ai pu m'y opposer.

D. Avez-vous fait punir les soldats ?

R. Je ne le crois pas.

D. Il n'est pas d'usage de faire ôter à un parlementaire les décorations et les cordons de son souverain.

R. Il ne s'était pas annoncé comme parlementaire, et je craignais que la vue de sa cocarde n'excitât une sédition parmi les soldats.

D. Pourquoi avez-vous provoqué cette violence ?

R. Je ne l'ai pas provoquée.

D. Vous l'avez provoquée, puisque vous-même avez dit au colonel Gordon d'ôter ses décorations et sa cocarde. Puisque vous ne l'aviez pas interrogé, comment saviez-vous qu'il n'était pas parlementaire ?

R. Il n'avait avec lui ni trompette, ni tambour, ni autre signe.

D. Etiez-vous avec le général lorsque le colonel Gordon est arrivé auprès de lui ?

R. Oui.

D. Quels sont les papiers qu'il lui a remis ?

R. Je n'ai pas entendu qu'il eût été question d'autres papiers que de la lettre signée par le colonel.

D. A-t-il annoncé qu'il eût une lettre du duc de Feltre ?

R. Non.

D. Lorsque vous fûtes chargé de reconduire

le colonel, les soldats paraissaient-ils mécontents ?

R. La troupe s'était déjà portée à des violences, mais elle ne me paraissait pas assez exaltée pour en craindre un excès.

D. La troupe avait donc manifesté une grande fureur ?

R. La troupe avait parlé un peu, elle lui avait arraché sa cocarde.

D. Remarquâtes-vous ce mécontentement et l'intention de le faire périr ?

R. On disait que c'était un espion, qu'il fallait lui laver la tête avec du plomb ; on avait tenu ce propos, même devant le général.

D. Quel ordre précis avez-vous reçu du général ?

R. De reconduire le colonel jusqu'aux postes avancés, et de lui faire tirer un coup de canon quand il serait à cinquante pas du village de Fresnes.

D. Avez-vous accompagné le colonel ?

R. Jusqu'à la coupure de la route.

D. Qu'est-il arrivé là ?

R. On l'a fouillé, on lui a trouvé des papiers que j'ai portés au général, qui m'a ordonné d'exécuter l'ordre qu'il m'avait d'abord donné.

D. Lorsque vous êtes revenu, où avez-vous trouvé Gordon ?

R. Au même endroit.

D. Encore vivant ?

R. Oui, Monsieur.

D. Où êtes-vous allé ensuite?

R. Au fort Mazis, donner l'ordre de lui tirer un coup de canon.

D. Est-ce que vous aviez reçu l'ordre d'aller vous-même faire tirer ce coup de canon?

R. J'ai cru devoir le faire moi-même, et ne pas m'en rapporter à un soldat.

D. Le général ne vous a-t-il pas dit de veiller sur Gordon?

R. Non.

D. Est-ce par votre ordre qu'il a été fouillé?

R. C'est par mon ordre.

D. Vous qui étiez scrupuleux au point d'aller vous-même porter l'ordre de tirer le coup de canon, comment vous êtes-vous permis de faire fouiller un homme que vous étiez simplement chargé de reconduire?

R. J'ai vu que les soldats allaient le faire, et j'ai cru devoir l'ordonner pour les empêcher de violer la discipline.

D. Le général vous ordonna-t-il de faire tirer le coup de canon à mitraille?

R. Il ne me dit ni à mitraille, ni à boulet, ni à poudre.

D. Vous a-t-il donné l'ordre de faire fusiller le colonel?

R. Non.

D. Avez-vous donné cet ordre vous-même?

R. Non.

D. Etiez-vous éloigné lorsque le colonel fut fusillé?

R. J'étais à cinquante ou soixante pas dans la direction du fort Mazis : je revins au bruit des coups de fusil.

D. Avez-vous vérifié quels étaient les hommes qui avaient tiré ?

R. Non.

D. Quels étaient les hommes qui étaient présents à ce meurtre ?

R. Je ne puis le dire, je n'en connais aucun.

D. Cela est assez étonnant.

R. Je ne les avais pas toujours sous mes ordres : je ne les commandais qu'un instant.

D. Comment n'avez-vous pas pris des mesures pour les punir ou pour les réprimander ?

R. Je ne l'ai pas vu fusiller. Quand je suis revenu, le mal était fait, la troupe était exaltée ; il était dangereux de dire la moindre chose.

D. Qu'a-t-on fait du cadavre ? Par qui son argent a-t-il été distribué ?

R. Je n'ai pas vu son argent. J'ai vu alors ses épaulettes pour la première fois. On lui tirait ses bottes ; j'ai vu tomber des papiers que j'ai portés au général.

D. Vous ne connaissez pas celui qui a vendu ses habits, ni celui qui a pris les décorations ?

R. Non.

D. Lorsque vous êtes retourné la première fois auprès du général, que vous a-t-il dit ?

R. C'est bon : exécutez mon ordre.

D. Les papiers que vous lui avez remis ne lui ont-ils fait aucune impression ?

R. Non.

D. Etiez-vous avec le général lorque le conseil municipal s'est assemblé ?

R. Je l'ai accompagné jusqu'au conseil ; là, il m'a donné une commission, et je ne l'ai pas entendu parler.

D. Quel a été le motif de votre départ clandestin de Condé ?

R. J'étais prévenu que les Hollandais, qu'on disait devoir entrer bientôt dans la place, étaient irrités contre moi, croyant que j'étais l'auteur de la mort de Gordon.

D. Partîtes-vous sans l'aveu du général ?

R. Oui.

D. Le général vous a-t-il fait des reproches de la mort de Gordon ?

R. Je ne me le rappèle pas.

D. Quel était votre motif de choisir, pour tirer le coup de canon, la batterie la plus éloignée ?

R. Les canons étaient dans la direction de la route du colonel : ceux de l'autre batterie étaient dans une autre direction.

D. Vous n'avez aucune connaissance de l'argent du colonel Gordon ?

R. Non.

D. Cependant, onze témoins déclarent que c'est vous qui l'avez distribué ?

R. Les témoins sont dans l'erreur.

D. Ils disent l'avoir reçu de vous ?

R. Ils se trompent.

D. Et ses rubans, que sont-ils devenus ?

R. Je l'ignore.

D. Un témoin déclare qu'il vous a vu les tirer de votre gousset ?

R. Il se trompe aussi.

D. Vous regardiez le colonel Gordon comme un parlementaire, puisque vous lui avez fait bander les yeux ?

R. Je ne le regardais pas comme un parlementaire, mais comme un homme suspect qui ne devait pas voir les ouvrages.

D. Pourquoi le postillon qui conduisait le colonel a-t-il été gardé vingt-deux jours après l'évènement ?

R. Je l'ignore.

D. A quelle époque avez-vous quitté la place ?

R. Le 23 juillet.

D. Est-ce-vous qui avez le premier appris au général la nouvelle de la mort de Gordon ?

R. Oui : il était alors dans son cabriolet et rentrait dans la place.

L'interrogatoire étant terminé, on ramène le général, et le conseil procède en présence des deux accusés, à l'audition des témoins.

Premier témoin. *Hyacinthe Corda*, militaire retraité en garnison à Condé. — C'est lui qui a crié : *qui vive* sur le colonel Gordon ; il lui a répondu : *adjudant-général Gordon, en parlementaire*. On envoya avertir le général. Dans l'intervalle, le colonel Gordon apprit aux soldats que le roi était à Paris, que Bonaparte avait abandonné l'armée comme un lâche. Alors le général Bonnaire parut sur le glacis. Un aide-de-camp s'approcha du colonel, en lui demandant qui il était. Il en reçut la même réponse. L'aide-de-camp lui ordonna d'ôter sa cocarde blanche; il s'y refusa, et l'aide-de-camp la lui arracha, ainsi que ses rubans. Le témoin, sur l'ordre de l'aide-de-camp, banda les yeux du colonel, et le conduisit, avec quatre soldats, vers le général. Arrivé sur le glacis, le général lui dit : Qui êtes-vous? — *adjudant-général Gordon en parlementaire.* Où sont vos dépêches? Les voilà. A ce moment, l'aide-de-camp prit l'épée du colonel. Quand le général eut lu les dépêches, il dit : cela ne signifie rien. — *Pardon,* lui répondit le colonel, *il y a une lettre du duc de Feltre.*

Il faut croire, ajoute le témoin, qu'elle ne satisfit pas le général, car il dit : allez, reconduisez-le aux avant-postes, et à cinquante pas du fort, tirez-lui un coup de canon. Mais je ne puis pas dire, quand il s'agirait de ma vie, qu'il a donné l'ordre de le fusiller, car je ne l'ai pas entendu. Pendant qu'on reconduisait le colonel, le lieutenant Miéton le fit fouiller. On trouva des papiers qu'il porta au général. Il revint aussitôt, fit fouiller une seconde fois le colonel, et donna l'ordre de le fusiller.

On adresse au témoin quelques interpellations.

D. Si l'on eût donné à vous et aux soldats qui vous accompagnaient, l'ordre de reconduire le colonel au-delà des fortifications, l'auriez-vous exécuté?

R. Cent fois pour une.

D. Vous ne l'auriez pas tué ?

R. (Le témoin, avec un mouvement d'horreur). Oh, jamais ! un soldat fait-il *des choses pareilles* sans ordre ?

D. Quand le colonel Gordon s'est présenté, la capotte dont il était couvert laissait-elle voir son uniforme ?

R. Oui.

D. Qu'avez-vous pensé de lui ?

R. Rien. Le soldat est une machine ; mais comme je vous l'ai dit, nous croyions que c'était un parlementaire.

D. Après sa mort, y a-t-il eu de l'argent distribué ?

R. Oui.

D. Par qui ?

R. Par l'aide-de-camp.

On demande à l'accusé Miéton s'il a quelque objection à faire ? Il se borne à répondre : le témoin ne dit pas la vérité.

Qui ? moi, reprend vivement Corda, la preuve est si convaincante, que c'est vous qui vous êtes emparé de la bourse, et qui avez distribué l'argent à la garde, après la mort du colonel.

2me Témoin. *Godin*, adjudant-sous-officier des canonniers.

Il a vu l'aide-de-camp arracher la cocarde du colonel ; il a entendu le général donner l'ordre de le reconduire en lui disant qu'il mériterait d'être fusillé, mais il n'était pas présent au moment où le colonel a été tué.

L'accusé Miéton. — Ce témoin se trompe.

3me Témoin. *J.-B. Krank.* — Ce témoin faisait partie de la garnison de Condé. Un soldat est venu lui dire de tirer un coup de canon au colonel ; mais bientôt il a entendu l'aide-de-camp ordonner de le faire avancer cinq pas et de le fusiller. Il n'a pas dit que ce fût par l'ordre du général. L'argent a été déposé entre les mains de l'aide-de-camp, et distribué à la garde. Il a eu cinquante sols pour sa part. Il affirme, au reste, qu'il n'y avait aucune agitation parmi la troupe, et que Gordon n'aurait eu rien à craindre sans l'ordre donné par l'aide-de-camp.

D. Connaissez-vous les hommes qui ont tiré?

R. Non, mais si je les voyais, je les reconnaîtrais.

On fait entrer le nommé Varlet, et on le présente au témoin.

D. Reconnaissez-vous cet homme?

R. Oui : c'est lui qui a tiré le second coup.

Varlet. — Non, c'est le premier (On lui impose silence.)

Le nommé Corda déjà entendu, reconnaît également Varlet qu'on fait retirer aussitôt.

L'accusé Miéton répète sa réponse ordinaire : *le témoin se trompe.*

4me Témoin. *Ozières*, l'un des militaires présents à toute l'affaire, dépose dans le même sens que ses camarades. Il ajoute cependant cette circonstance déjà consignée dans sa déposition écrite, qu'il a vu arriver un sous-officier boiteux, qui a dit qu'il fallait fusiller le colonel par ordre du général, et que c'est alors, que l'aide-de-camp a commandé six hommes pour le fusiller.

Sur l'interpellation de Me Lebon, l'un des conseils du général, les trois premiers témoins déclarent qu'ils n'ont ni vu ni entendu ce sous-officier, et Miéton confirme à son tour leur déclaration.

5me Témoin. *Sougniez* fils, qui faisait aussi partie du poste, où s'est présenté le colonel.

Il a vu arracher la cocarde par Miéton, mais il n'a pas été témoin de ce qui s'est passé sur les glacis. L'aide-de-camp a ordonné de fusiller le colonel.

6me Témoin. *Mathieu.* — C'est lui qui a fourni la voiture dans laquelle est arrivé le Colonel. Il dépose de ce fait seul.

7me Témoin. *Jolly*, domestique donné par Mathieu pour conduire la voiture.

Il dépose sur le fait de la cocarde, comme les autres témoins. Arrivé, les yeux bandés, auprès du général, il a entendu dire : *qu'on le reconduise; s'il s'échappe, il s'échappera.* Il ne se rappèle pas qu'on ait dit de fusiller le colonel par ordre du général.

Interpellé par Miéton de déclarer s'il n'avait pas une cocarde blanche, et si elle ne lui a pas été arrachée par les soldats, il répond qu'il l'a jetée lui-même quand il a vu qu'on avait arraché celle du colonel; et ajoute que les soldats n'avaient point injurié Gordon avant de le tuer.

8me Témoin. *Vathiot*, batelier à Condé.

Attiré par la curiosité, il s'est approché du lieu

de la scène : il a entendu l'ordre donné par le général de laisser aller le colonel et de lui tirer un coup de canon ; bientôt il a vu revenir un officier près du général avec des papiers, ensuite un soldat qui était à côté du général est allé rejoindre les autres, et peu après il a entendu deux coups de fusil.

9me Témoin. Le sieur *Blasseau*, membre du conseil municipal.

Il rend compte de la séance du conseil le jour même de la mort de Gordon, et déclare ne pouvoir affirmer si le général a dit : *je viens de faire fusiller*, ou bien *on vient de fusiller* un espion.

Dans sa déposition écrite, il avait déclaré que le général avait dit qu'*il venait de faire fusiller*. On lui fait sentir la différence de ces dépositions. Il répond que lorsqu'il a fait la première, il n'en a pas senti toute l'importance, et qu'il ne se rappèle pas précisément les termes dont le général s'est servi.

M. le marquis de Maleyssie. « D'après les lois de l'honneur et de la justice, le témoin nous déclarant qu'il ne se rappèle pas l'expression propre du général, on doit admettre la version la plus favorable à l'accusé ».

Interpellé d'expliquer une phrase d'un certificat en faveur du général, signé par presque tous les membres du conseil municipal, et par lui en particulier, le témoin déclare qu'il l'a signé de confiance, sans le lire, et qu'il lui a été présenté par M. Raséz (1).

---

(1) Nous regardons comme un devoir sacré, non seule-

10me TÉMOIN. M. *Dubreuil*, autre membre du conseil municipal.

Il hésite aussi entre ces mots : *je viens* ou *nous venons* de faire fusiller.

M. le Rapporteur : « En admettant le principe de loyauté qui doit être la règle de votre conduite et de la nôtre, il doit cependant nous sembler extraordinaire qu'un témoin puisse laisser de l'incertitude sur une circonstance aussi importante. Il serait d'un mal-honnête-homme de signer la déclaration d'un fait dont il ne serait pas certain ; et le témoin, dans sa première déposition,

---

ment de faire connaître à nos lecteurs ce certificat, mais d'en rapporter un autre que le général a obtenu du maire de Condé.

Adresse du Conseil Municipal.

» Les membres du conseil général de la ville de Condé, en vous exprimant le regret qu'ils ont de vous quitter, se font un devoir de vous exprimer leur reconnaissance pour les soins assidus que vous avez pris des habitants pendant le cours de votre laborieuse administration.

» La justice et l'ordre, une vigilance toujours active, le désir sincère de concilier, dans les circonstances difficiles où nous nous sommes trouvés, les intérêts des particuliers avec ceux de l'État, en allégeant, autant que possible, les maux que la guerre entraîne ; tels furent les principes invariables qui ont constamment dirigé votre conduite, et dont nous nous empressons de rendre témoignage.

« Suspendu de votre commandement pour avoir conservé des relations amicales avec des personnes que le Gouvernement désavouait alors, il vous contraignit de déployer contre elles une rigueur qui sortait de votre caractère, et dont vous prîtes tout l'odieux sur vous sans vouloir en faire pressentir la véritable cause.

a dit formellement que le général avait déclaré qu'*il venait* de faire fusiller un traître.

Le témoin. Si je l'ai dit, c'est que c'est vrai. Si je l'ai signé, c'est que je l'ai entendu.

Le général. Je ne disputerai point de bassesse avec le témoin, les autres dépositions feront foi.

11me TÉMOIN. *Bourla*, membre du conseil municipal.

Suivant lui, le général a dit qu'*il venait de faire fusiller* un traître. Il déclare, au reste, qu'il a signé le certificat sans le lire.

» Ce sentiment généreux, vous l'avez une seconde fois montré dans une circonstance où il n'appartient pas à l'autorité civile d'énoncer son opinion : mais quels que soient le jugement qu'on en porte et les torts que l'on vous impute, nous sommes persuadés que vous en prendrez sur vous qui vous sont étrangers.

Veuillez agréer, M. le Général, l'hommage de notre vive reconnaissance, de notre haute estime, et de notre considération la plus distinguée ».

Le Maire de la ville de Condé à M. le général Bonnaire.

« Une ordonnance du Roi rappèle à leurs fonctions tous les magistrats qui en avaient été éloignés pendant le trop malheureux règne de l'usurpateur. Je viens, en conséquence, de reprendre les rênes de l'administration de cette ville.

« Mon premier devoir et mon premier besoin est de rendre justice aux sentiments qui vous ont toujours distingué.

« Depuis les premiers jours d'avril dernier, jusqu'au 10 juin suivant, époque fatale de mon arrestation, je n'ai eu qu'à me louer de vos procédés à mon égard. Depuis ce fâcheux évènement jusqu'à ce jour, j'ai été absent de la ville, et n'y ai plus eu la moindre relation : mais d'après les rapports qui me sont parvenus, la population entière rend jus-

12me TÉMOIN. *Sougniez* père, membre du conseil municipal.

Il déclare que le général a dit : *on vient de fusiller* un espion qui s'est présenté sans trompette ni tambour, pour vendre la ville aux Anglais et aux Hollandais.

Interrogé sur l'expression *on vient*, il insiste et se rappèle l'avoir entendue. Il a signé le certificat après l'avoir lu, mais il n'en est pas le rédacteur, et ne saurait l'expliquer.

Pureur, Ouzet, Abrassart, 13e, 14e et 15e témoins, ont aussi entendu l'expression : *on vient de fusiller.* Le dernier a entendu aussi le général dire qu'*il aimait mieux conserver la place pour Louis XVIII.*

16e TÉMOIN. *Liénart.* — Il a été témoin de plusieurs violences exercées par l'aide-de-camp sur le colonel. Il n'a vu aucun soldat injurier celui-ci.

17e TÉMOIN. *Dumoulin* dépose que quelques jours après l'évasion du lieutenant Miéton, le général lui a dit : Sans la précipitation de ce

---

tice à votre bonne administration. Sans doute, il était difficile de réunir les partis, de concilier les opinions, d'adoucir la sévérité des lois militaires; vous êtes parvenu néanmoins à obtenir ces différents résultats : c'est une justice, Mr. le Général, que la ville vous rend et vous doit toute entière.

« Heureux d'être en ce moment l'organe de mes concitoyens, je me plais à partager leur opinion, et à vous assurer de la parfaite et respectueuse considération avec laquelle j'ai l'honneur d'être, etc.

Signé, AMÉ DEGHEUGNIES, maire.

gaillard-là, nous ne serions pas dans le mauvais pas où nous sommes.

18ᵉ TÉMOIN. *Dumont,* membre du conseil municipal, déclare que le général a dit : *J'ai fait fusiller.*

19ᵉ TÉMOIN. *Lebègue,* employé au bureau de l'état-major du général.

Ce jeune homme ayant été entendu, en vertu d'une commission rogatoire, par M. le juge d'instruction de Seine-et-Marne, avait fait la déposition suivante :

« L'aide-de-camp Miéton s'approcha du colonel Gordon, et lui demanda ce qu'il voulait : sans attendre sa réponse, il lui dit d'ôter sa décoration et sa cocarde. Il avait une cocarde blanche à son chapeau, le lys suspendu par un ruban blanc, et une croix que je ne puis désigner, suspendue par un ruban rouge. Sur le refus de l'officier supérieur, Miéton lui arracha ses décorations et sa cocarde, et les foula aux pieds, en reprochant fortement à un officier qui se trouvait là, de ne pas les lui avoir arrachées... Conduit devant le général Bonnaire, l'officier supérieur dit qu'il était l'adjudant-général Gordon. Sur cette réponse, le général Bonnaire lui dit qu'il était un traître à la patrie; qu'il avait déserté à l'affaire du 16; qu'il ne serait pas surpris s'il allait le faire fusiller de suite, et donna l'ordre au sieur Miéton de faire charger un canon et de faire tirer dessus. Un nommé Corda, simple soldat, le prit par le bras, et le conduisit en le raillant et en lui disant : *Ne cours pas si fort, afin qu'on puisse t'attraper.* Le général Bonnaire rappela son aide-de-camp Miéton, lui demanda s'il y avait dans la ville une prison sûre : ce dernier lui répondit que la prison la plus sûre était de lui laver la tête avec du plomb. Le général ordonna alors qu'il fût fusillé. Miéton commanda deux hommes à qui l'ordre paraissait répugner : ils firent tomber la poudre du bassinet de leurs fusils, qui ne partirent point ; le sieur Miéton commanda deux autres hommes : il fut renversé à terre d'un coup de crosse, reçut deux coups de fusil dans les reins, et expira ».

Dans sa déposition orale, il en est tout autrement. D'abord il n'a vu qu'une partie des faits, ceux qui se sont passés auprès du général, et il affirme que celui-ci n'a pas donné l'ordre de fusiller Gordon.

Quelques instants après, il change encore de version. Il n'a rien vu, rien entendu ; et la preuve, dit-il, c'est que le fait s'est passé vers sept heures du matin, et qu'il n'allait au bureau qu'à neuf ou dix heures. Tout ce qu'il sait, il le tient de la bouche de Miéton, qui le lui a raconté à Beauvais, en ajoutant que c'était lui qui avait donné l'ordre ; qu'il prenait tout sur son compte ; et qu'il avait affecté de s'échapper furtivement de Condé, pour justifier son général et attirer sur lui seul tout l'odieux de cette action.

L'inconcevable contradiction qui existe entre les deux dépositions du même témoin, devait faire naître contre lui les présomptions les plus défavorables.

M. de Maleyssie y trouve un motif pour rejeter le témoignage comme nul, et M. le rapporteur requiert que Lebégue soit arrêté et traité comme faux témoin.

M. le procureur du roi appuie M. le rapporteur, et prend des conclusions expresses dans le même sens.

Le conseil se retire pour délibérer, et prononce, une demi-heure après, un jugement par lequel, prenant en considération qu'il n'y avait pas de preuve matérielle que le témoin eût déclaré un fait faux, soit dans la première, soit dans la seconde déposition, il se borne à ordonner que Lebégue soit conduit hors de la salle, et qu'il ne puisse communiquer avec les témoins entendus ou à entendre.

Un des conseils du général, M. d'Yvrande-d'Herville, prie le tribunal de remarquer que cette déclaration, qui d'abord se présentait si imposante, qui aujourd'hui devient nulle et sera bientôt livrée au mépris public, a dû entraîner la décision du conseil d'enquête; et que sans elle le général Bonnaire n'aurait pas été mis en jugement.

M. le procureur du Roi repousse cette réflexion en faisant observer que la commission d'enquête n'a ni dit ni donné à entendre que sa décision eût été déterminée par la déposition du sieur Lebégue, et que rien n'autorise le conseil à adopter la conséquence qu'en a tirée le défenseur.

On se rappèle en effet que la commission d'enquête admettant les suppositions les plus favorables au général, n'a motivé son avis que sur le fait, déjà trop grave, de la mise à mort du colonel sans jugement préalable.

20e TÉMOIN. M. le colonel *Maufroy*, qui succéda au général dans le commandement de la place de Condé.

Il n'était pas dans la ville au moment de l'événement, et ne sait rien que par ouï dire. — On lui demande s'il peut expliquer la différence qui, selon le général Bonnaire, existe dans l'ordre du jour qu'il a signé et celui qu'on lui représente, portant, à ce qu'il dit : Il a subi le sort *qu'il s'est attiré*, et l'autre, le sort *qu'il méritait*. — M. Maufroy répond que la copie qu'il a certifiée conforme, l'est effectivement.

21e TÉMOIN. M. *Hilaire Bebin*. — Il s'annonce au conseil comme ex-contrôleur des contributions indirectes, destitué pour ses opinions royalistes, au retour de Bonaparte. Il fait l'éloge de la modération, de la douceur, de l'honnêteté du général Bonnaire, auquel il a eu des obligations, mais qui cependant n'a pas cru pouvoir se dispenser d'exiler de Condé M. Bebin, sa femme et ses trois enfants, comme des personnages dangereux. Le général lui a dit, à Lille, que son aide-de-camp avait fait tout le mal, et que ses infirmités l'avaient empêché de le prévenir.

Le général nie avoir employé ces termes.

Le témoin déclare qu'il se les rappèle parfaitement.

22e TÉMOIN. *Varlet*. — C'est un de ceux qui ont escorté le colonel et qui l'ont fusillé.

Il a fait son récit au conseil du ton dont il aurait raconté l'action la plus indifférente, ou même la plus honorable pour lui.

On demanda, dit-il, quatre hommes pour conduire le parlementaire : je marchai avec trois autres. A une portée de fusil environ de l'endroit où nous avions laissé le général, l'aide-de-camp, qui avait été lui porter des papiers trouvés sur le monsieur en capotte bleue, revint près de nous, et dit : *Qu'on le fusille!...* Et... on l'a fusillé. Le premier coup a manqué, mais le mien a porté, et celui de mon camarade aussi. L'aide-de-camp prit la bourse; en nous en allant, mon camarade, qui avait plus de front que moi, lui dit : Mon officier, vous devriez bien me donner un peu d'argent pour mon poste; il lui en donna. Quand je vis ça, moi, ça m'enhardit; je lui en demandai aussi, et il me donna quatre pièces de 20 fr. pour mon poste.

L'un de MM. les juges dit à Varlet de bien préciser par quel ordre il a fusillé Gordon.

Varlet se retourne vers l'accusé Miéton, et dit : Par l'ordre de Monsieur... Et en réponse à d'autres interpellations, il jure sur son honneur qu'il n'aurait jamais tiré, ni ses hommes non plus, sans l'ordre de l'aide-de-camp, et qu'ils auraient obéi de même à celui de le reconduire, d'autant plus qu'ils le regardaient comme un parlementaire. Il n'a pas vu de caporal apporter à Miéton un ordre du général, et il ne sait pas le nom du camarade qui a tiré l'autre coup de fusil.

23e TÉMOIN. *Carlin*, autre soldat, dépose des mêmes faits. Il y ajoute cette circonstance, qu'après le départ de l'aide-de-camp, le général a dit à un homme : Allez dire à mon aide-de-camp qu'on fasse la fusillade des deux forts en même temps qu'on tirera le coup de canon.

Le général Bonnaire explique que lorsqu'il vit que le temps nécessaire pour l'arrivée du colonel au village de Fresnes, était écoulé sans que le coup eût été tiré, inquiet sur son sort, il envoya un homme pour dire qu'on exécutât son ordre, mais qu'il ne donna pas celui de faire la fusillade.

M. d'Yvrande-d'Herville fait observer que cette déposition est unique.

Le lieutenant Miéton interrogé, déclare qu'il n'a pas reçu d'ordre pareil ; qu'il n'a pas non plus donné l'ordre de fusiller le colonel, mais seulement de le garder ; qu'il est allé au fort Mazis pour faire tirer le coup de canon, et qu'il n'en a pas eu le temps.

Le témoin persiste dans sa déposition.

MM. les lieutenants-généraux Frère et Ricard, qui n'ont su que par le bruit public l'événement qui a donné lieu au procès, se bornent à rendre un témoignage honorable de la conduite, du caractère et de la réputation du général Bonnaire.

26e TÉMOIN. Le comte *de Bourmont* dépose qu'il a envoyé simultanément le colonel Gordon et plusieurs autres officiers dans toutes les places de sa division, pour en prendre le commandement ; que le colonel était porteur d'une copie imprimée et certifiée par lui, d'une circulaire du duc de Feltre, annonçant sa nomination de gouverneur de la 16e division militaire ; d'une instruction pour le service de la place de Condé ;

de plusieurs exemplaires de la proclamation du Roi, du 28 juin, et d'une copie d'une autre lettre du duc de Feltre.

Depuis son arrivée à Lille, il a envoyé au général Bonnaire un second ordre de quitter le commandement de Condé. Il l'a exécuté dans l'instant, et a publié un ordre du jour dans les meilleurs termes possibles (1).

Le général Bonnaire rappèle que ces pièces ne portaient pas la signature du duc de Feltre.

M. le président. Elles portaient celle du comte de Bourmont, qui représentait le Roi.

Le général. En pareille circonstance, mon devoir était d'exiger non seulement l'ordre du ministre, mais encore l'ordre même du Roi (2).

M. d'Yvrande-d'Herville fait observer que tous les parlementaires expédiés par le comte de Bourmont ont été refusés.

Le comte répond qu'en effet presque tous ont été refusés; quelques-uns ont été reçus à la

---

(1) Le général Bonnaire avait insulté M. de Bourmont dans le cours de ses interrogatoires, et celui-ci s'en vengeait noblement en citant, en faveur de l'accusé, un trait qu'il aurait pu passer sous silence!..

(2) Cela pourrait être vrai si le colonel avait été porteur d'un ordre qui vous enjoignît de livrer la place aux étrangers, mais il ne pouvait pas en être ainsi, quand il s'agissait seulement de vous dessaisir du commandement en faveur d'un Français. Votre réponse prouve, au reste, que nous avons eu raison lorsque nous avons dit : *Malheur au comte de Bourmont! malheur au duc de Feltre, s'ils s'étaient présentés à Condé!* Il est trop évident que vous n'auriez pas eu pour eux plus d'égards que pour le colonel.

barrière, où, après avoir pris leurs dépêches, on les a renvoyés (1).

Le colonel *Cloüet*, 27e témoin, alors chef d'état-major de M. de Bourmont, et M. *de Tempeste*, 28e témoin, autre officier aussi envoyé en parlementaire par le même général, donnent des explications semblables sur les pièces dont le colonel était muni.

Interrogés s'ils ont connaissance que tous les officiers envoyés en parlementaires ayent été reconnus comme tels, le premier répond que quelques-uns ont été maltraités; que lui-même a manqué de subir, à Lille, le même sort que le colonel Gordon; le second déclare qu'à Aire il a été reçu à la barrière; qu'on a pris ses dépêches et qu'on l'a renvoyé.

Le Président. Avez-vous quitté votre capotte?

R. Oui.

D. Aviez-vous la cocarde blanche?

R. Je n'en ai jamais porté d'autre.

Le général Bonnaire reconnaît que les papiers désignés par ces trois derniers témoins sont à peu près les mêmes que ceux que portait le colonel Gordon.

---

(1) Nous ne voyons pas quel avantage M. d'Yvrande-d'Herville a cru pouvoir tirer de son observation. Elle ne prouve rien, si ce n'est, et nous en avions depuis longtemps la triste certitude, que les factieux ont lutté contre l'autorité royale tant qu'ils ont cru pouvoir le faire impunément. Mais enfin, il y a cette extrême différence entre le malheureux Gordon et les autres parlementaires, qu'il a été outragé, assassiné; tandis que ceux-ci n'ont éprouvé qu'un refus d'être admis.

Séance du 7 juillet.

M. le rapporteur. Tous les témoins à charge indiqués par le ministère public ont été entendus. Il ne reste plus que les témoins à décharge et le sieur Lhorloger, qui a été indiqué et par le ministère public et par les accusés. Je propose de commencer par lui.

On l'introduit en effet, et voici la substance de sa déposition :

Il commandait le poste du Moulin. Le colonel Gordon avait déjà passé le premier poste sans répondre à la sentinelle lorsqu'il l'aperçut; alors il ordonna à un de ses soldats de lui crier *qui vive ?* et de tirer sur lui s'il ne répondait pas. Le colonel ne répondit qu'au troisième cri, au moment où le soldat allait faire feu. Il le prit d'abord pour un bourgeois.

Il rend compte des autres circonstances, comme la plupart des autres témoins ; il a vu l'aide-de-camp fouiller le colonel, il l'a entendu donner l'ordre de le fusiller.

Interrogé si les soldats paraissaient exaspérés, il déclare qu'ils commençaient à crier après la découverte des papiers, appelant le colonel *espion*, *traître*. Il était maître de son poste, mais il ne sait pas ce qu'auraient pu faire les retraités ; ils étaient, eux surtout, fort irrités.

A ce témoin, succède le sieur *Melot*. — Il est venu par hasard se promener à l'endroit où étaient le général, l'aide-de-camp et le colonel Gordon. Interrogé au service de qui il était, le colonel a d'abord hésité, et a dit ensuite : au service du roi de France. Le témoin a entendu le général dire de le reconduire et de lui tirer un coup de canon ; c'est tout ce qu'il sait.

M. *Renard*, maire de Fresnes, dépose que le 5 juillet le colonel Gordon se présenta chez lui accompagné de douze chasseurs hollandais, et lui fit part du projet qu'il avait de se rendre le lendemain à Condé. Il lui fit sentir tous les dangers d'une pareille entreprise, et lui offrit de remettre lui-même sa lettre au commandant; mais le colonel n'accepta pas cette proposition et partit le lendemain pour Condé.

Deux heures après, il apprit la nouvelle de sa mort, et reçut du général Bonnaire l'ordre de se rendre à Condé avec les chevaux et le domestique du colonel. Le général lui fit d'abord des reproches d'avoir reçu sans l'en prévenir un homme dangereux ; il s'excusa sur la force des baïonnettes, et ajouta que si le colonel l'avai cru, il ne serait pas venu. Vous lui auriez rendu un grand service, répondit le général.

Sur les diverses interpellations qui lui sont faites, le témoin déclare que l'esprit de la garnison était très-mauvais ; qu'elle était si peu soumise que, sans le général, la ville aurait été pillée plusieurs fois. Les habitans le lui ont dit.

Le sieur *Rasèz*, adjoint du maire de Condé et qui, pendant l'absence de ce magistrat proscrit comme royaliste, en remplissait les fonctions s'avoue le rédacteur de l'adresse du conseil municipal au général Bonnaire.

M. le Rapporteur lui demande l'explication d cette phrase : *ce sentiment généreux, vous l'a vez une seconde fois montré dans une circonstance où il n'appartient pas à l'autorité civile d'énoncer son opinion ; mais quels que soient le jugement qu'on en porte, et les torts que l'on vous impute, nous sommes persuadés que vous en prendrez sur vous qui vous sont étrangers.*

Il répond, qu'il était reconnu, à Condé, que l'aide-de-camp Miéton était coupable du meurtre du colonel Gordon ; et que, comme le général s'en était chargé dans son ordre du jour, on ne doutait pas, d'après la générosité de son caractère, qu'il ne s'en chargeât toujours, quoiqu'il n'y eût pris aucune part.

Il déclare, au reste, qu'il n'a rédigé le certificat que d'après l'avis de plusieurs membres du conseil, et qu'il l'a lu à tous ceux qui l'ont signé.

Sur l'observation de M. le Rapporteur, que deux membres du conseil municipal ont déclaré avoir signé cette pièce sans la lire, M. d'Yvrande-d'Herville demande une confrontation de ces deux témoins avec le sieur Rasèz. On les appèle, celui-ci soutient devant eux ce qu'il a avancé ; mais les autres persistent dans leur déclaration, en ajoutant néanmoins que, pleins d'estime et de reconnaissance pour le général, ils auraient signé le certificat, même s'ils l'avaient lu.

Le général Bonnaire. J'interpelle le témoin de déclarer librement si j'ai fait aucune démarche pour obtenir ce certificat.

Le témoin (avec feu), jamais : c'est sur la demande de plusieurs notables que je l'ai rédigé ; c'est de notre propre mouvement (1).

(1) Ce qui résulte de ces différentes explications, c'est

Questionné sur l'esprit de la garnison, il répond qu'elle était très-exaltée, et que lorsqu'il a été question d'arborer le drapeau blanc, il a fallu beaucoup d'adresse pour y parvenir.

M. de Maccarthy. On ne parle pas de l'époque où le drapeau blanc a été repris, mais de celle du 7 juillet.

Le général Bonnaire. Si à l'époque où le Roi était remonté sur son trône, où toute la France était soumise, les soldats étaient si épouvantablement exaltés par l'usurpateur, combien devaient-ils l'être à plus forte raison quinze jours avant, lorsque rien ne paraissait certain (1)? Les déser-

---

que le certificat, au lieu d'être rédigé, lu et signé en séance du conseil, a été officieusement présenté et légèrement signé au domicile de chacun des membres.

(1) Rien n'était certain, dites-vous, le 7 juillet!.. Le roi était pourtant alors aux portes de sa capitale, et vous l'aviez appris par les rapports du général Authing, comme par les dépêches dont le colonel Gordon était porteur.

Mais lors même que vous auriez pu raisonnablement douter de l'authenticité de cette nouvelle, ne saviez-vous pas que la France entière VOULAIT SON ROI? Ne saviez-vous pas que l'Europe s'était armée pour le lui rendre? et pouviez-vous regarder, un seul instant, comme douteux le résultat d'une lutte aussi inégale?

Vous dites, à la page 3 de votre Mémoire, « qu'en » acceptant le commandement de Condé, il n'entra certainement dans votre pensée *ni de favoriser*, ni même » de *reconnaître* l'usurpateur; et que vous ne vîtes, dans » cette mission, que l'obligation de vous battre et de périr, » s'il le fallait, dans les combats, en défendant la ville » dont le commandement vous était confié. »

D'abord, vous ne pûtes être appelé à ce commandement qu'après avoir formellement *reconnu* l'usurpateur,

tions dont ils avaient vu beaucoup d'exemples dans la campagne de 1814 et dans celle de 1815, les rendaient pleins de défiance à l'égard de leurs chefs ; et si j'avais tenu une conduite différente à l'égard du colonel Gordon, j'aurais compromis la sûreté de la place.

D. Comment la sûreté de la place aurait-elle pu être compromise ?

R. En me faisant soupçonner de trahison par la troupe, à qui je n'aurais plus inspiré aucune confiance.

D. Alors, il fallait faire juger le Colonel ?

R. Puisqu'on revient toujours sur les mêmes questions, il faut bien que je réponde encore que je l'avais d'abord voulu ; mais la troupe, qui l'a-

---

soit par un nouveau serment, soit par votre adhésion à ses *articles additionnels*.

Ensuite, et quand il serait vrai que, dans votre pensée, vous ne vous crussiez pas lié envers lui, comment concilier cette *obligation de vous battre* (surtout après la seconde abdication), avec les sentiments dont vous prétendez avoir toujours été animé pour l'autorité légitime ? Se battre contre les alliés, c'était se battre aussi contre le roi, puisque leur unique but était de le rétablir sur son trône, et puisqu'il avait adhéré à cette imposante et salutaire coalition.

Séparerez-vous les intérêts de la patrie de ceux du roi, quoiqu'ils soient inséparables ? Mais, dans ce système encore, vous ne serez pas plus fondé que dans l'autre, parce que la patrie, qui connaissait mieux ses intérêts que vous, s'était prononcée en faveur de la légitimité, et qu'il n'y avait pas d'autre moyen d'adoucir pour elle les maux de la guerre, que de n'opposer aucune résistance aux étrangers. On sent en effet que, si la soumission avait été

vait déjà menacé, criait qu'il n'irait pas jusqu'à la prison. Pour le sauver, j'ai donné ordre de le reconduire.

D. Alors vos moyens ont causé sa mort?

R. Malheureusement ils ont eu le même résultat.

M. le comte de Belisle, appelé en vertu du pouvoir discrétionnaire, par le président, pour déposer sur l'identité de la copie qu'il a délivrée de l'ordre du jour du 7 juillet, déclare qu'à cause de l'importance de cette pièce, il a cru devoir en faire lui-même la copie, et affirme qu'elle est exacte.

On entend ensuite le sieur *Dandel*. — C'est un habitant de Condé, royaliste très-prononcé.

Il n'a pas vu l'affaire; mais le jour qu'elle est arrivée, il a vu dans un cabaret Borda et un autre individu, qui tenaient des propos infâmes, en se vantant d'avoir frappé le colonel. Il reconnaît le témoin Carlin pour être cet individu. — Un débat s'établit pour constater si Carlin a frappé ou non : Carlin prouve à l'instant, par plusieurs témoignages, qu'il n'avait pas de fusil, et qu'il n'était armé que d'un sabre.

Une observation malheureusement trop juste de M. le rapporteur, concilie l'apparente contradiction de ces deux faits. Par un effet de la démoralisation révolutionnaire, on a vu des gens avoir

---

prompte, le territoire n'aurait pas été envahi par un si grand nombre de troupes, et que les conditions de la paix auraient été meilleures.

l'odieuse jactance de se vanter de crimes qu'ils n'avaient pas commis.

M. le capitaine du génie *Vlard*, dépose en faveur du général Bonnaire.

Lorsque Bonaparte était maître du gouvernement, dit-il, j'ai toujours entendu le général parler avec respect du Roi et de sa famille, au point de se rendre suspect à la garnison. — Du reste, il n'a pas été présent à l'événement; mais quelques jours après, il a assisté à la conférence entre le général et le commandant des troupes d'investissement, le général Authing; celui-ci a dit au général Bonnaire qu'il avait refusé au colonel un trompette qu'il lui avait demandé, comme parlementaire, et qu'il en donnerait un certificat au général s'il le désirait.

M. le Rapporteur fait observer au conseil que cette déclaration se trouve contredite par celle du maire de Fresnes et par une lettre de Son Altesse le Prince royal des Pays-Bas, à M. le duc de Feltre (1).

---

(1) Voici un fragment de cette lettre, qui ne laissera aucun doute sur le fait du trompette donné au colonel :

« Le colonel Gordon ne s'y est pas bien pris, pour faire » cette sommation. On lui a donné un détachement et un » trompette à mes avant-postes; mais, au lieu de les prendre » avec lui, et de s'approcher de la place avec le trom- » pette, il les a laissés à Fresnes. Arrivant aux premiers » postes ennemis, où il s'est fait connaître, ainsi que le » but de sa mission, on est allé l'annoncer au comman- » dant, le général Bonnaire, qui l'a fait entrer dans les » ouvrages, et lui a parlé. Là d'abord, il a été très-mal » reçu, puis on lui a donné des coups de poing, et, à la

Le capitaine du génie *Choumarat*, dépose que M. le comte de Bourmont, qui, d'après le malheur arrivé au colonel Gordon, ne voulait pas exposer un officier de son état-major, le chargea lui, comme étant connu à Condé, où il s'était jeté après la bataille de Waterloo, d'aller une seconde fois demander la remise de la place au général Bonnaire. Il lui donna des instructions secrètes auprès du général, par lesquelles il lui promettait de ne pas mettre d'empêchement à sa retraite s'il était coupable du meurtre de Gordon, à condition qu'il se dessaisirait du commandement. Le général répondit : « Ma vie entière a été con-

---

» fin, il a été fusillé sans qu'on ait tenu un conseil de » guerre, ou seulement quelque chose pour avoir l'ap» parence de la justice ».

Il est donc bien certain qu'on lui donna une escorte et *un trompette*. Il ne l'est pas moins, à la vérité, que le colonel les laissa au village de Fresnes, et ce fut sans doute par un sentiment bien louable, car on ne peut pas lui supposer un autre motif que celui de mieux assurer le succès de son importante et pacifique mission, en n'irritant pas, par l'aspect d'une escorte étrangère, une garnison dont les sentiments et les principes pouvaient lui donner quelques inquiétudes.

Qu'importe, au surplus, qu'il ne se soit pas fait précéder du trompette ? Cette formalité a pour but de protéger le parlementaire contre les avant-postes, qui doivent s'abstenir de tirer dès qu'ils entendent le trompette, mais elle n'ajoute rien à son caractère. S'il est atteint par un coup de fusil, en traversant les lignes, son meurtrier est à l'abri de tout reproche ; s'il arrive, au contraire, auprès du général qui commande la place, il est sous la sauve-garde du droit des gens : SA PERSONNE EST SACRÉE.

On cherche à tirer un grand avantage de ce que le mal-

» sacrée à mon pays, j'ai toujours marché dans le » sentier de l'honneur, je ne commettrai pas une » lâcheté. La mort de Gordon est un grand mal» heur, que je n'ai pu ni prévoir ni empêcher; » ma conscience ne me reproche rien; je suis » prêt à paraître devant mes juges; je compte sur » mon innocence et sur leur impartialité ». Il ajouta : « dans les circonstances, je pourrais me regarder comme autorisé à conserverver le commandement; mais d'après l'accusation intentée contre moi, je le dépose dès aujourd'hui, et vous pouvez aller annoncer au comte de Bourmont, que j'attends ici ses ordres (1) ».

Le témoin ajoute qu'il n'était entré dans la place qu'après l'affaire de Waterloo, que la veille de l'évènement; qu'il avait donné au général les détails contenus à cette époque dans les journaux; que lui parlant de l'abdication de Bonaparte, le général avait montré pour lui le plus grand mépris; qu'il avait dit qu'il n'avait jamais servi cet

---

heureux Gordon n'était pas accompagné d'un trompette. Ah ! si l'inobservation de cette formalité sert aujourd'hui de prétexte pour soutenir qu'on a pu le considérer comme un *émissaire de l'ennemi*, peut-on croire que ceux qui ont ordonné ou autorisé son supplice, l'eussent épargné davantage s'il s'était présenté avec *un trompette étranger* ?....

(1) La première de ces réponses est très-belle et très-honorable, mais la seconde sent l'esprit de révolte.

Rien ne pouvait autoriser le général à conserver le commandement de la place, au mépris des ordres du roi; et s'il l'avait fait, il aurait encouru la peine de mort, car l'article 93 du code pénal la prononce contre *ceux qui auront retenu, contre l'ordre du gouvernement, un commandement militaire quelconque*.

homme, et qu'il conservait la place à la France.

M. *Prosper-Adam*, secrétaire du général Bonnaire, était présent à la courte conversation qui eut lieu entre le général et le colonel Gordon, et il atteste que Miéton a dit : *Mon général, si vous voulez me le permettre, je vais lui passer mon sabre au travers du corps.*

Le sieur *Chabert*, commissaire des guerres à Condé, a entendu le général, dans la journée de l'évènement, dire qu'il était bien malheureux de commander une telle garnison. En effet, ajoute le témoin, elle était très-exigeante et mal-intentionnée. Il dépose aussi avoir vu, le même jour, Miéton tirer de son pantalon le ruban rouge et blanc qu'il avait arraché à Gordon.

Un double démenti est encore la réponse de Miéton à ces deux déclarations.

Le sieur *Vandexel*, officier du génie, n'a appris l'évènement que par la clameur du soldat. Quelques jours après, il a entendu le général déplorer le malheur du colonel, et dire qu'en voulant le sauver, il l'avait rendu la victime des soldats (1).

---

(1) *Déplorer* nous paraît un terme bien fort, et ce serait peut-être le cas d'appliquer ici l'adage : *Qui nimis probat, nihil probat.*

En effet, le général n'a jamais pu prendre un bien vif intérêt à un homme qu'il a signalé, dans son ordre du jour, dans sa lettre au ministre, dans son interrogatoire écrit, *et jusques devant ses juges*, comme un TRAITRE, un GRAND COUPABLE !

Si la déposition est sincère (et nous nous plaisons à le croire), on conçoit qu'il ait regrété que le colonel eût été

La garnison, ajoute-t-il, était dans un état d'insurrection et de délire complet ; car quelques jours après, quatre cents hommes désertèrent, et le général fut obligé de faire braquer des canons sur un bataillon. Tous les jours au moment de l'appel, et vers le soir, les soldats se réunissaient en groupes, où il se faisait des motions dans un esprit d'insurrection. Le général lui a dit que son aide-de-camp pouvait avoir quelques torts dans cette affaire.

Le général Bonnaire affirme qu'il n'a jamais parlé de l'aide-de-camp.

Le témoin dit qu'il croit avoir entendu ces paroles.

---

fusillé sans jugement ; mais qu'il ait *déploré son malheur !* comment se le persuader, quand il en a parlé lui-même comme d'un *châtiment mérité ?*

Le témoin se sera sans doute trompé aussi en lui faisant dire que Gordon avait été *la victime des soldats*. Le général sait mieux que personne ce qui s'est passé, et les égards qu'il a pour son aide-de-camp ne permettent pas de croire qu'il ait voulu laisser planer d'affreux soupçons sur des hommes dont la contenance, aux débats, a prouvé qu'ils n'avaient commis le meurtre que *par ordre*.

Nous ne terminerons pas cette note sans nous élever contre la coupable docilité avec laquelle les soldats ont exécuté cet ordre barbare. Sans doute la force armée doit être essentiellement obéissante, mais il est des bornes que l'autorité de ses chefs ne saurait franchir. Les lois de la nature et de la raison sont connues de tous les hommes ; tous sont à portée de juger si les ordres qu'on leur donne y sont opposés ou conformes. Le citoyen n'est jamais tenu, dans quelque rang qu'il se trouve, de sacrifier son honneur et sa vertu : il ne doit obéir qu'à ce qu'il sait que l'autorité a droit de lui commander, et jamais l'autorité n'a droit

L'audition des témoins étant terminée, M. le Président suspend la séance pendant une heure et demie.

On la reprend à cinq heures, et il donne la parole au Rapporteur.

Alors M. Lebon, l'un des conseils du général Bonnaire, se lève pour prier le Tribunal d'avoir égard à l'état de faiblesse et de douleur où se trouve M. Chauveau-Lagarde, principal défenseur du général, et dont le mal périodique s'appaise, le matin, pour agir le soir avec une force effrayante. Il demande qu'après le rapport de M.

---

de rien commander de contraire à la nature, à la justice.

Les actions criminelles ne peuvent être légitimement ordonnées, ni innocemment exécutées; et en est-il une plus odieuse que le meurtre d'un homme *que la loi n'a pas condamné* ?

C'est en se conformant à ces principes immuables qu'*Honorat de Savoie*, comte de Tende, marquis de Villars et gouverneur de Provence; le marquis *de Gordes*, lieutenant de roi en Dauphiné; *Eléonor de Chabot-Charny*, gouverneur de Bourgogne; *Saint-Héran*, gouverneur de l'Auvergne; *Thomassear de Cursay*, lieutenant de roi à Angers, et le vicomte *d'Ortez*, qui commandait à Bayonne, refusèrent d'exécuter les ordres de Charles IX, pour le massacre des protestants.

« Sire, écrivait ce dernier, j'ai communiqué le com-
» mandement de votre majesté à ses fidèles habitants et
» gens de guerre de la garnison. Je n'y ai trouvé que bons
» citoyens et braves soldats, mais pas un bourreau. C'est
» pourquoi, eux et moi, supplions très-humblement votre
» majesté de vouloir employer nos bras et nos vies en
» choses possibles; quelque hasardeuses qu'elles soient,
» nous y mettrons jusqu'à la dernière goutte de notre
» sang. »

Hist. de France du P. Daniel, tom. XIII, p. 262.

de Mellon, la séance soit suspendue jusqu'au lendemain, et cite plusieurs articles du Code d'instruction criminelle, pour prouver que le vœu de la loi n'est point dans cette circonstance contraire à celui de l'humanité.

M. le rapporteur. On vous parle d'humanité : on est sûr que vous entendrez ce langage, s'il peut se concilier avec vos devoirs. Mais, sans pressentir ce que le conseil va juger, je crois devoir déclarer que je ne puis faire mon rapport qu'autant qu'on y répondra de suite.

M. le président observe que le mot *repos*, indiqué par l'article 353 du Code d'instruction criminelle, suppose que le défenseur de la cause s'est déjà livré à la fatigue des débats ; mais que M. Chauveau-Lagarde arrivant actuellement à l'audience, ne peut avoir besoin de repos.

Deux membres du conseil appuyent cette observation. Sans doute, disent-ils, nous désirerions céder au désir du défenseur, puisque l'état de sa santé ne lui permet pas de plaider en ce moment. Mais il faut que la loi nous le permette. D'ailleurs M. Chauveau-Lagarde a bien consulté ses forces, puisqu'il s'est adjoint deux défenseurs pour le seconder.

M. Chauveau-Lagarde se lève et dit : — « Oui, Messieurs, j'ai calculé mes forces morales, et je me sens disposé à mourir, s'il le faut, au champ d'honneur ; mais je n'ai pu calculer les forces physiques qui me trompent en ce moment. Je déclare sur mon honneur qu'il m'est absolument impossible de commencer aujourd'hui la défense de mon client ; et certes personne ne souffre plus que moi du retard que je sollicite; personne ne peut être plus impatient que moi de voir proclamer l'innocence d'un homme auquel je me suis dévoué tout entier.

» Je dois rendre hommage au scrupule qui semble arrêter le conseil. Il se croit lié par la loi; il veut l'observer, et ce respect religieux honore des militaires qui savent remplir tous leurs devoirs.

» Mais si la loi vous permet de m'accorder une faveur que votre humanité souffrirait trop à me refuser, je dois avoir la certitude de l'obtenir de votre bienveillance. Eh bien! Messieurs, la loi ne vous défend impérieusement qu'une chose, c'est de retarder la convocation du conseil. A cet égard, je me suis soumis à la décision qui a été rendue, quoique l'état déplorable de ma santé me fît vivement désirer de voir retarder cette convocation; mais la loi spéciale des conseils de guerre, aussi bien que la loi générale pour les tribunaux criminels, ne peuvent contrarier à tel point le vœu de la nature, que de refuser une suspension que ma situation rend si indispensable ».

M. le marquis de Maleyssie annonce qu'il ne prendra point part à la délibération du conseil sur la demande de l'avocat, avant que tous les défenseurs n'ayent signé et remis sur le bureau une déclaration qui constate que c'est à leurs instantes sollicitations que le conseil aurait cédé, et que sous aucun prétexte on ne réclamera un autre délai.

Les collègues de M. Chauveau-Lagarde déclarent que s'il n'était point en état de porter la parole après le délai accordé, ils se chargeraient eux-mêmes de toute la défense.

Plusieurs membres du conseil expriment le désir que les avocats dressent un acte constatant que leur demande en renvoi n'est point contraire aux lois, et que ce renvoi ne pourra être employé comme moyen de nullité.

Ceux-ci y consentent, et remettent aussitôt une déclaration conçue en ces termes :

« Nous, avocats des prévenus, vu l'état de » souffrance de M. Chauveau-Lagarde, notre » confrère, en suppliant le conseil de consentir » à demain la remise de la cause pour les plai- » doiries, attestons que, d'après la loi, l'usage » et l'expérience journalière, rien ne s'oppose » à cette remise de la cause. Déclarons que, » dans le cas où cet état de souffrance durerait » demain et empêcherait Me Chauveau-Lagarde » de défendre le général Bonnaire, nous essaye- » rons de le remplacer, afin que la cause n'é- » prouve aucun retard; déclarant en outre que, » dans le cas où il y aurait pourvoi en révision, » nous renonçons à faire résulter un moyen de » nullité de cette remise, que nous avons solli- » citée.

» *Signé* CHAUVEAU-LAGARDE, LEBON,
» BEXON, D'YVRANDE-D'HERVILLE ».

Immédiatement après le dépôt de cette pièce, M. le président annonce que la remise est accordée, et que la séance est continuée à demain neuf heures, pour procéder sans désemparer au jugement du procès.

Profitons de cette interruption pour réfuter encore quelques fragments du Mémoire publié par M. Chauveau-Lagarde.

Après avoir parlé dans des termes infiniment honorables de la destruction de la tyrannie de Bonaparte, et du rétablissement de Sa Majesté Louis XVIII sur son trône, voici comment il s'exprime :

» Cependant avant que ce grand œuvre fût consommé, lorsqu'il n'existait point encore de traité définitif entre Sa Majesté le roi de France et les Puissances étrangères ; lorsque les alliés étaient à peine sur notre territoire ; lorsqu'ils assiégeaient nos villes ; lorsqu'ils bloquaient nos places ; et lorsque l'armée hollandaise menaçait, en effet, de prendre celle de Condé de vive force ; il est évident que cette armée hollandaise ne pouvait être aux yeux de la troupe bloquée par elle, rien autre chose qu'une armée ennemie : parce que la troupe qui est essentiellement obéissante, et qui ne doit pas raisonner, ne pouvait voir que des ennemis dans une armée étrangère qui était en guerre ouverte avec elle ».

Et le but de ce paragraphe est de prouver, qu'au milieu de telles circonstances, le colonel Gordon ne pouvait être pris que pour un espion et un traître.

Nous conviendrons que la troupe, égarée par ses coupables chefs, a pu le considérer comme tel ; mais il n'en est certainement pas de même du général qui la commandait, car ce général n'ignorait pas que les armées étrangères n'agissaient alors que dans les intérêts du Roi, dont tous les Souverains avaient embrassé la défense.

C'était une chose connue de tout le monde avant même que les hostilités commençâssent, et dont il pouvait, au reste, d'autant moins douter à l'époque où le colonel Gordon se présenta à Condé, qu'il avait été sommé dès le premier juillet, par le général Authing, au nom du Roi des Pays-Bas, de rendre cette place *à son Souverain légitime* (1).

Ou le général Bonnaire était un sujet rebelle, ou il n'avait pas cessé, au contraire, comme l'assure M. Chauveau-Lagarde, d'être dévoué à son Roi :

Dans le premier cas, rien de plus simple que sa résistance à la sommation du général Authing, et sa conduite envers l'infortuné Gordon.

Mais dans le second, comment concilier et cette résistance, et les outrages qu'il prodigua au colonel, avec les sentiments de dévouement et de fidélité que lui attribe son défenseur? Ah! s'il les avait éprouvés ces sentiments, loin d'adresser au général Authing une réponse jésuitique, par laquelle il lui déclarait qu'il voulait conserver la

---

(1) Cette sommation était accompagnée de la proposition faite au général Bonnaire, d'envoyer un ou deux officiers à Cambrai ou à Péronne, pour s'assurer de la vérité des faits relativement au retour du roi dans ses états, et même d'insérer, dans la capitulation, une clause par laquelle il serait convenu que cette capitulation serait nulle dans le cas où les nouvelles que contenait sa lettre seraient controuvées.

Pouvait-on se conduire avec plus de loyauté et d'une manière plus propre à inspirer une entière confiance ?

place pour le gouvernement *qui régnait alors, ou qui devait régner*, loin de méconnaître le caractère auguste dont le colonel Gordon était revêtu; il aurait obéi de suite à une sommation faite *au nom de son Roi*, et il aurait accueilli le parlementaire avec tous les égards qui lui étaient dûs.

Qu'importe qu'il n'*existât point encore de traité définitif entre le Roi et les puissances étrangères?* Outre que le général ne le savait pas, son obéissance ne pouvait pas dépendre d'un tel évènement, car s'il avait eu le droit de résister jusqu'à l'époque où cet acte aurait été souscrit, il aurait eu par conséquent aussi le droit d'en approuver ou d'en rejeter les stipulations; et nous nous plaisons à croire que M. Chauveau-Lagarde n'a pas eu l'idée de consacrer une prétention qui ne serait pas moins absurde, qu'offensante pour la majesté royale.

Le général Bonnaire devait donc se soumettre, il le devait comme sujet du Roi, mais il le devait surtout à cause des obligations sacrées que lui imposait son titre de *chevalier de Saint-Louis* (1).

---

(1) Pour mettre nos lecteurs à même de connaître toute l'étendue de ces obligations, nous allons transcrire la formule textuelle du serment qu'on prête en recevant la croix :

« Je jure que je serai fidèle au roi, et ne me départirai
» jamais de l'obéissance qui lui est due, et à ceux qui com-
» mandent sous ses ordres : que je garderai, défendrai et
» soutiendrai de tout mon pouvoir l'honneur, l'autorité et
» les droits de sa majesté, et ceux de sa couronne, envers

M. Chauveau-Lagarde parle ensuite du colonel Gordon, comme d'un homme qui, *bien qu'il fût non-seulement innocent et même louable dans sa démarche*, était cependant aux yeux de la troupe, un *ennemi*, un *traître*; et il prétend que tout homme juste sera forcé de reconnaître avec lui que le principe de cette cruelle méprise, ainsi que la fatale action qui en a été la suite, *non-seulement est fort digne d'éloges, mais encore très-nécessaire à entretenir dans nos armées*: en ce que c'est un sentiment très-noble que cet honneur qui fait détester aux soldats la désertion et l'espionnage; et qu'il est même le premier mobile des actions les plus courageuses et les plus héroïques, ainsi que le premier élément de toutes les vertus militaires.

Quoi! la troupe aurait vu un *traître*, un *déserteur*, un *espion*, dans l'homme le plus dévoué à son Roi; et il faudrait *entretenir dans nos armées le principe de cette méprise!* ...

Quoi! elle aurait assassiné un homme qu'aucun jugement n'aurait condamné, et *cette action serait fort digne d'éloges!* ... Ah! M. Chauveau-Lagarde! Songez donc aux funestes conséquences qu'entraîneraient de pareils principes!..

Mais pourquoi, d'ailleurs, toujours parler de la troupe! Pourquoi rejeter constamment sur elle l'indignation qu'il faut appeler sur d'autres têtes?

» et contre tous; que je ne quitterai jamais son service
» pour entrer dans celui d'un prince étranger, sans la
» permission et l'agrément, par écrit, de sa majesté; que
» je lui révélerai tout ce qui viendra à ma connaissance,
» contre sa personne et contre son état. »

Les débats ont assez prouvé que la troupe avait respecté le colonel, qu'elle avait reconnu en lui *un parlementaire*; et qu'elle ne fit ensuite qu'exécuter l'ordre qu'elle avait reçu.

Séance du 8 juin.

A l'ouverture de l'audience, Me Bexon, qni a été chargé d'office de la défense de l'accusé Miéton, prie le conseil de faire rappeler le témoin Varlet, pour éclaircir un fait qui peut être d'une haute importance. Il s'agit de savoir si, quand Miéton, après avoir porté au général les papiers trouvés sur Gordon, revint auprès du parlementaire, celui-ci était déjà terrassé.

Varlet, interpellé, dit que l'aide-de-camp a fait deux voyages; qu'au retour du premier il a vu Gordon debout, mais qu'au second il a dû le voir renversé.

Varlet est démenti par trois témoins oculaires (les sieurs Corda, Lhorloger et Sougniez fils), qui tous affirment itérativement que le malheureux Gordon était encore vivant et debout quand Miéton est revenu près de lui, et que c'est par l'ordre de cet officier qu'il a été frappé, terrassé, fusillé. Ces mêmes témoins s'accordent aussi à déclarer que jusqu'à ce moment Gordon n'avait pas même reçu de la part des soldats la moindre injure.

M. le Président ordonne aux gendarmes de s'assurer de la personne de Varlet, qu'ils reconduisent sur le banc des témoins.

Le rapporteur obtient ensuite la parole, et s'exprime en ces termes :

» M. le Président, Messieurs,

» Il était réservé à l'implacable ennemi de l'Europe, à la perfidie des moyens qu'il employa toujours pour parvenir à ses desseins criminels, de nous offrir, au milieu de nos désastres, le spectacle affligeant d'une alternative également cruelle; il a fallu proclamer le déshonneur de quelques hommes que la France avait comptés parmi ses défenseurs, ou laisser impunis les crimes dont ils se sont rendus coupables, et qui ont eu de si funestes résultats pour la patrie. La révolte du 20 mars doit exciter à jamais la plus vive indignation : est-elle une conception sublime de génie? a-t-elle dû frapper d'étonnement? Les hommes qui ont suivi les époques désastreuses de notre révolution peuvent résoudre cette question : les différents partis qui, depuis vingt-six ans, nous ont sacrifiés à leur fureur ou à leur ambition, n'avaient-ils pas tracé la marche des conspirateurs? La trahison et le parjure se liguent contre la vertu confiante : elle devait succomber. Solon n'avait point fait de lois contre le parricide.... L'assemblage de tous les éléments qui ont préparé cette trop funeste époque de notre histoire, devait enfanter des crimes nouveaux; cent jours n'ont pas suffi pour laisser un libre cours à ceux qui les méditaient; ils n'ont été que trop multipliés.

Celui que vous êtes appelés à juger aujourd'hui, sort de la classe des délits ordinaires; il était presque inconnu chez les peuples modernes (1). Les historiens profanes le retracent

---

(1) *Note du rédacteur.* — L'attentat le plus récent de ce

à notre souvenir avec le tableau déchirant des vengeances qui en étaient la suite. Des provinces dévastées, de grandes cités réduites en cendres; des femmes, des enfants, des vieillards passés au fil de l'épée, furent toujours les victimes innocentes sacrifiées en expiation du droit des gens violé dans la personne des ambassadeurs ou des parlementaires. Les peuples civilisés ne peuvent ainsi confondre l'innocent et le coupable, et si les pages sanglantes de notre révolution nous rappèlent une si horrible calamité, elle ne se rattachera pas au règne des Bourbons.

« Les fonctions que je suis appelé à l'honneur de remplir aujourd'hui, sont sans doute pénibles et difficiles; mais le rapporteur qui peut avec

---

genre, est celui qui a fourni à Thomas le sujet d'un poème intitulé : *Jumonville*. Voici les détails qu'il en donne dans sa préface :

En 1753, les Anglais, sans aucun prétexte, et dans le temps qu'on était en pleine paix, franchissent les monts Apalaches qui séparent leurs colonies d'avec les nôtres. Ils s'avancent en corps d'armée, sur les terres de la domination de France, et conduisent avec eux plusieurs pièces de canon. M. de Contrecœur, officier français, commandait un corps de troupes, qui avait été posté sur les bords de l'Oyo, pour éclairer la conduite des sauvages voisins. Il apprend que les Anglais s'étaient avancés jusqu'à la rivière de Malenguélé, et qu'ils se fortifiaient. Il crut que son devoir l'obligeait de s'y opposer. Mais, avant d'employer la force, cet officier, qui craignait de rallumer la guerre, voulut tenter les voies juridiques. Il envoya au commandant anglais un officier distingué, avec une lettre, dans laquelle il le sommait de retirer ses troupes de dessus les terres de la domination française. Les Anglais feignirent

vérité, se présenter comme étranger à toute autre influence que celle de ses devoirs, n'a besoin ni d'apologie, ni de panégyrique; s'il s'égare, votre justice et vos lumières rectifieront ses erreurs. Il doit tendre une main secourable aux accusés : cette attribution est si belle, qu'il serait trop coupable de la négliger. Il ne doit aucun compte de l'opinion qu'il émet sur l'innocence ou la culpabilité des prévenus; mais il est responsable envers le Prince et l'Etat des principes qu'il invoque, lorsque ces principes peuvent porter atteinte au système politique et nécessaire de la légitimité, que la justice, la morale et nos vœux ont consacré pour jamais. Alors, son résumé peut devenir un sujet de scandale et un triomphe pour les sectateurs des idées subversives de tout ordre social.

---

d'abord de satisfaire à cette sommation; mais en effet, craignant d'être bientôt attaqués, ils se hâtèrent d'achever le fort qu'ils avaient commencé à bâtir; ils l'appelèrent le fort *de la Nécessité*.

M. de Contrecœur était incertain si les Anglais s'étaient retirés. Pour s'en assurer, il fit partir, le 29 mai, M. de Jumonville, officier français, plein de mérite, et lui donna une escorte de trente hommes, pour l'accompagner. Il avait ordre de découvrir si les Anglais étaient encore sur les terres de France, et, s'il les rencontrait, de notifier à leur commandant une seconde sommation de se retirer. Cet officier part avec son escorte. Il était encore à une certaine distance du fort; tout-à-coup il est environné d'Anglais, qui font sur lui un feu terrible. Il fait signe de la main au commandant; il montre ses dépêches; il demande à être entendu. Le feu cesse, on l'entoure. Il annonce son caractère et sa qualité d'envoyé; il lit la sommation dont il est porteur. Il n'était encore qu'à la moitié de sa lecture, les Anglais l'assassinent. Telle est la réponse qu'une nation,

» Le maréchal-de-camp Bonnaire (Jean Gérard), est accusé d'avoir ordonné ou autorisé le meurtre du colonel Gordon, en violation du droit des gens, et sans aucun égard pour le caractère sacré de parlementaire dont il était revêtu ».

Le lieutenant Miéton (Antoine), ex-aide-de-camp du maréchal-de-camp Bonnaire, est accusé de complicité, et d'y avoir pris part.

Le Dieu des armées avait confondu les sinistres projets de Bonaparte, la France et l'Europe le repoussaient de leur sein; le sang français avait coulé à Waterloo; des princes à qui ce sang fut toujours cher, des princes toujours grands et généreux, avaient prodigué les soins

---

prétendue philosophe, a faite au discours d'un envoyé français, dont la personne était consacrée par un titre regardé, dans tous les siècles et dans tous les pays, comme inviolable. La troupe, qui escortait Jumonville, est enveloppée; huit hommes de cette escorte sont tués et tombent à côté du corps sanglant de leur chef. Le reste, forcé de se rendre, est fait prisonnier. Un seul canadien se sauve, et vient porter l'horrible nouvelle. M. de Contrecœur crut alors qu'il ne devait point différer à venger l'outrage fait à la France. Les sauvages, indignés de l'horreur d'un tel crime, qui peut-être est inconnu chez eux, viènent en foule, la massue en main, pour lui offrir leurs services. Tous respirent la vengeance; tous veulent punir les assassins des Français leurs bienfaiteurs. Ce détachement part du fort du Quesne; il est commandé par M. de Villiers, frère de M. de Jumonville. Cet officier, qu'animait en même temps et la nature et l'amour de la patrie, avait à venger et le meurtre d'un frère, et l'insulte faite à la France. Les sauvages lui servent de guides. Il arrive, le 3 juillet, au lieu où s'était commis l'assassinat. Il le trouve encore teint du

les plus touchants aux blessés qui venaient de combattre pour la plus injuste des causes. Le roi de France avait traversé ses provinces du Nord, il s'avançait comme l'ange consolateur, précédé d'une proclamatinon aussi noble que paternelle. Il était encore notre intermédiaire auprès des Puissances, il espérait que les égards dont il pouvait être l'objet, adouciraient pour nous les rigueurs d'une guerre d'invasion. Il avait reçu partout des témoignages éclatants d'amour et de dévouement; il était aux portes de sa capitale, la population entière volait sur ses pas;

---

sang de son frère; il voit les corps des Français encore étendus. Quel spectacle! Bientôt le fort des Anglais est investi et attaqué; le feu dure avec la plus grande violence, pendant trois heures de suite; le fort s'ébranle, et la garnison n'a plus de défense.

Les ordres de M. de Villiers portaient expressément de ne faire des actes d'hostilité, qu'autant qu'il en faudrait pour chasser les Anglais du fort qu'ils avaient bâti, et pour évacuer les terres de France. On voulait éviter tout ce qui pourrait causer une rupture entre les deux nations; et, tandis que les Anglais, par le plus grand de tous les crimes, se teignaient du sang d'un envoyé français, les Français respectaient le sang même de ses assassins. M. de Villiers, fidèle à ce plan de modération et d'humanité, fait crier aux assiégés que, s'ils veulent parlementer, il fera cesser le feu. Aussitôt il se présente un capitaine anglais pour capituler. Les articles furent bientôt signés: on permit aux Anglais de sortir du fort avec les honneurs de la guerre et une pièce de canon. Les Français se rendirent même les défenseurs de leurs ennemis contre les sauvages, qui cherchaient à les déchirer. On finit par détruire le fort, monument affreux et de l'injuste usurpation des Anglais, et du crime qu'ils avaient commis pour s'en assurer la possession.

OEuvres de Thomas, tome V^e^.

et, dans ce moment, un serviteur fidèle, envoyé en parlementaire, tombait sous les coups des plus vils assassins !.....

» On a cherché à jeter des soupçons odieux sur la pureté de ses intentions, on n'a pas respecté le désespoir de sa famille; on a même présenté comme une action louable, dans l'esprit du soldat, le plus horrible des forfaits. Ce n'est que dans l'ignorance absolue des faits, qu'un homme, dont le nom se rattache à de si glorieux et de si tristes souvenirs, a pu avancer des principes dont la conséquence serait si funeste. Nous en démontrerons la fausse application; car il serait absurde, si l'action n'était pas criminelle, d'en poursuivre les auteurs.

» On s'est plaint, dans une réponse à la lettre de M. le vicomte de Montbrun, de ce qu'on avait cherché à inspirer des préventions funestes contre M. le maréchal-de-camp Bonnaire. Il serait sans doute à désirer que, dans des causes auxquelles se rattachent de si grands intérêts, des considérations particulières et générales d'une si haute importance, on gardât un religieux silence, et qu'on attendît la décision des hommes qui, écartant toute prévention, donnent à l'opinion publique la vraie direction qu'elle doit avoir; mais dans cette affaire, qui donc a pris l'initiative? N'est-ce-pas le défenseur, qui, aprés avoir cherché à prouver l'innocence de l'accusé, et isolant les faits, les a tellement dénaturés, qu'il est impossible de les reconnaître? Dès-lors, l'arrestation du général Bonnaire et du lieutenaut Miéton, a dû paraître un acte arbitraire et tyrannique. Les témoignages et les pièces jointes au procès, vous prouvent, si la prévention de culpabilité, qui suffit, et qui seule peut autoriser les poursuites n'était pas établie d'une manière non equivoque. M. James-Gordon, dans sa trop juste douleur, a vu dans ces différents écrits, une accusation dirigée contre l'honneur et la loyauté de son frère; il a cru devoir y répondre. J'aurais désiré qu'il se contentât de réfuter tout ce qui était relatif à la conduite et aux sentiments de son frère, et qu'il laissât au conseil le soin de rechercher et punir les auteurs de sa mort.

» Les journaux ont même fait des réflexions qui peuvent faire pressentir leur opinion, je ne leur en fais point un reproche : c'est une simple observation. Je dois seulement, dans l'intérêt de la justice, et d'après la demande d'un témoin, leur recommander l'exactitude. Qu'importent ces lettres, mémoires et réflexions. Ils ne peuvent avoir aucune influence, que lorsque vous aurez été à même de les apprécier.

» Le fait matériel ne peut être contesté. Ce n'est donc que dans les circonstances qui ont précédé ou suivi cet horrible attentat, que les accusés peuvent trouver quelques moyens de justification. Nous examinerons si le colonel Gordon était réellement parlementaire, s'il est prouvé qu'il fût porteur des titres nécessaires pour constater qu'il était envoyé au nom du souverain légitime, soit par S. E. le duc de Feltre, soit par tout autre général ayant pouvoir d'agir en son nom; et en supposant qu'il ait négligé quelques-unes dés formalités voulues, si l'on a pu, sans intention criminelle, se méprendre sur son caractère, et le considérer comme un espion, un embaucheur, un traître. En admettant cette supposition, dans l'intérêt des accusés, la nature du délit pourrait être envisagée sous un point de vue différent; mais le crime n'en existerait pas moins, et les auteurs seraient toujours coupables. Les mêmes preuves et les mêmes témoignages devant servir à résoudre ces différentes propositions, je chercherai à les discuter séparément, sans m'y astreindre, lorsque cette analyse en deviendrait plus longue, sans en devenir plus claire. C'est d'ailleurs dans son ensemble que vous devez en trouver la solution.

» Le colonel Gordon, partit de Cambray, le 4 juillet, pour se rendre à Condé. Il était porteur de plusieurs ordres de M. le lieutenant-genéral comte de Bourmont, commandant pour le roi la 16e. division militaire. Il est nécessaire que je les reproduise...

» Arrivé à Briusse, il envoye chercher M. le maire de Fresnes; il entre dans plusieurs détails sur ses projets et l'objet de sa mission; il lui demande même quelques conseils sur la manière de les exécuter.

» Le lendemain de bonne-heure, il se rend au village de Fresnes dans le domicile du maire. Il avait avec lui un trompette et 12 hommes du 18e. régiment de chasseurs hollandais, il invite le maire à l'accompagner à Condé:

sur son refus, il part, laissant son escorte après lui avoir donné l'ordre de ne l'attendre que jusqu'à 11 heures du soir.

» Il se présente aux avant-postes, dans un cabriolet attelé de deux chevaux, conduit par un postillon auquel il recommande d'être attentif au premier cri des sentinelles qu'il trouvera sur sa route. En effet, au premier *alte-là*, *qui vive*, qu'il peut entendre, il s'arrête et répond : *adjudant-commandant français*. Le sieur Lhorlogé, qui commandait le poste du fort Mazis, s'avance : le colonel Gordon lui déclare qu'il est porteur de dépêches pour le commandant de Condé ; *je suis pressé, ne me retenez pas*. Ce jeune militaire ne peut prendre sur lui de le laisser continuer sa route, il envoie une ordonnance à M. le général Bonnaire, pour le prévenir qu'un individu se disant porteur de dépêches, demande à être introduit. Plusieurs soldats que la curiosité avait réunis autour de la voiture du colonel, apprènent de lui-même les évènements qui viènent de se passer en France ; il ne met pas plus de mystère à les leur faire connaître, qu'à parler de l'objet de sa mission.

» Le général envoie le sieur Miéton, son aide-de-camp, à qui il donne l'ordre d'aller chercher celui qu'on venait de lui annoncer. Jusqu'au moment de l'arrivée du sieur Miéton, cet officier supérieur a été respecté. Il descend de sa voiture, tous les soldats du poste déclarent qu'il était revêtu d'une redingotte bleue, d'un frac uniforme ; son collet était brodé ; il avait une cocarde blanche au chapeau, un ruban rouge et blanc à la boutonnière. Les couleurs du prince que nous appélerons, désormais, la vraie couleur nationale, sont un signe de réprobation aux yeux d'un des accusés ; il ne peut contenir son indignation, et témoigne son mécontentement au commandant du poste, de ce qu'il n'a pas exigé que le colonel les quittât. Il somme celui-ci de s'en dépouiller, et sur son refus il les arrache avec violence et les foule aux pieds.

» Ces faits sont d'une telle évidence, qu'il ne nous est pas permis de chercher à les atténuer dans l'intérêt de l'accusé. Ceux que nous avons à y ajouter sont susceptibles de plus de développements. Je les présenterai avec plus de circonspection ; mais, afin de ne pas interrompre le cours de cette analyse, nous attendrons, pour les discuter, qu'elle soit terminée.

» Le maréchal-de-camp Bonnaire s'était rendu sur les glacis ; le colonel Gordon, toujours accompagné du sieur Miéton, remet au général une lettre ou des papiers. Après plusieurs propos et quelques explications, le général le menace de le faire mettre en prison, le regardant comme un grand coupable, et lui annonce qu'il ne devrait pas être surpris quand il le ferait fusiller.

» Ces détails résumés prouvent seulement qu'il méconnaît les titres dont le colonel était porteur. Il demande s'il n'y a pas une prison sûre. — Le général déclare dans son interrogatoire, qu'il a entendu autour de lui plusieurs voix qui criaient qu'il était plus simple de le faire fusiller. Alors il change d'avis, ordonne que le colonel soit reconduit, et que, lorsqu'il sera arrivé à la hauteur du village de Fresnes, on tire sur lui un coup de canon.

» Le sieur Miéton est chargé de l'exécution de cet ordre. Après s'être mis en marche, il juge convenable de faire fouiller le colonel, trouve sur lui des papiers, et les apporte à son général en lui disant : *Voyez l'opinion que vous devez avoir de cet homme, qui vient de vous dire qu'il n'était pas un traître.*

» Le général et le sieur Miéton déclarent unanimement, que la connaissance de ces papiers n'a pas changé la détermination qui avait été prise : cependant, après plusieurs allées et venues, on donne l'ordre de fusiller le colonel. Le malheureux se saisit d'un des hommes qui étaient auprès de lui, et ne veut pas s'en séparer ; mais on le frappe d'un coup de crosse, il tombe et reçoit deux coups de fusil ; il expire au moment même!....

» Hâtons-nous de rendre à sa mémoire le juste tribut de notre admiration et de nos regrets : victime de son amour pour le roi, de son dévouement à la plus belle des causes, il a trouvé la mort en cherchant le glorieux honneur de servir le prince et la patrie qu'il avait adoptés. Remplaçons les épithètes que lui prodiguèrent ses meurtriers, par celles que sa conduite et sa mort lui ont si bien méritées. Je ne ferai, messieurs, que prévenir vos vœux : il n'a cessé d'être dans votre pensée, ce qu'il sera toujours aux yeux de la postérité, *le brave et loyal* colonel Gordon ; que sa famille éplorée trouve dans les sentiments de tous les Français la seule consolation qui peut adoucir le chagrin d'une perte aussi cruelle ; que son nom soit à jamais révéré ; que ses parents, ses amis répètent avec orgueil : *il est mort pour le Roi.*

» Le colonel Gordon était-il porteur des titres constatant sa mission ?

(Ici, M. le rapporteur donne lecture de la déposition du comte de Bourmont et de celle du baron Cloüet.)

» Que ses ordres ayent été signés de son excellence le duc de Feltre, du comte de Bourmont ou du baron Cloüet, agissant tous au nom du roi, et se qualifiant chacun de leurs titres légaux, peu importe : la hiérarchie militaire est établie, et il ne nous est pas permis de faire la plus légère concession à cet égard, puisque ce serait méconnaître ces principes.

» Le colonel n'aurait-il remis qu'une lettre signée de lui ? Cette supposition n'est pas admissible ; mais il est naturel de penser qu'il y relatait tous les ordres dont il était porteur. Ses instructions secrètes ne devaient point être communiquées au général Bonnaire, qui a pris l'initiative et n'a pas voulu reconnaître celui qu'il ne regardait pas comme l'envoyé du souverain légitime, sans nier cependant qu'il a pu recevoir, avant la mort du colonel, quelques papiers signés du comte de Bourmont ou du baron Cloüet. Il n'a pu, dit-il, concilier dans sa pensée les fonctions que s'attribuait ce lieutenant-général, avec sa conduite antérieure : la conduite de M. le comte de Bourmont, la confiance dont l'a honoré sa majesté, répondent à cette déclamation inutile et déplacée.

» Croirez-vous que le colonel Gordon voyant son caractère méconnu et sa vie menacée, ait négligé de faire connaître tous ses titres? Il a insisté sur la lettre du duc de Feltre; il a invoqué sa signature, son nom, comme sa sauve-garde. La loyauté de ce ministre, sa noble et courageuse conduite dans des circonstances aussi désastreuses qu'imprévues, avaient été admirées de la France et de l'Europe : quelle impression ces souvenirs devaient-ils produire dans l'esprit du général?... C'est entre les mains de ce ministre, qu'il avait renouvelé, le 15 mars 1815, l'assurance de son inébranlable fidélité à ses serments!...

» Le colonel s'est présenté au premier poste sans trompette : le fait est incontestable, puisqu'il est démontré qu'il l'avait laissé, avec son escorte, au village de Fresnes. Mais est-il de rigueur qu'un parlementaire en soit accompagné? Ce serait une erreur de le croire. C'est, à la vérité, un usage reçu; cette précaution se rattache à sa sûreté particulière; elle lui sert de garantie lorsqu'il traverse les lignes ennemies. Le trompette annonce qu'on ne veut pas les surprendre, et met ainsi à l'abri de toute attaque celui qu'il accompagne.

» L'arrivée de l'adjudant-commandant au premier poste a-t-elle l'air d'une surprise? Il n'a couru aucun danger; il s'est présenté, il a été admis. Le reproche d'imprudence est, suivant moi, si peu mérité, que je le regarde comme un acte sublime de courage. Il a voulu, à ses risques et périls, faire rentrer la ville de Condé dans la soumission au Roi; et il a craint que s'il se présentait avec un trompette, on ne voulût pas le recevoir. S'il en avait eu un et que le même sort lui fût arrivé, on ne manquerait pas, Messieurs, de vous objecter que ce n'est pas là ce qui constitue la qualité de parlementaire et ce qui justifie sa mission. Il ne voulait pas se présenter avec des troupes étrangères devant des Français, parce que ç'eût été leur rappeler la honte et les suites funestes de leur défection; il est arrivé aux premiers postes, il a été admis; il était dès-lors sous la sauve-garde et la garantie du droit des gens. Il ne s'agit donc plus que de savoir quels sont les égards qui lui étaient dûs?

» Tous les publicistes s'accordent à dire que, par les lois de la guerre, les héraults, les trompettes et les tambours, lesquels ne sont autre chose que des parlementaires, sont sacrés et inviolables, dès qu'ils se sont fait connaître et tant qu'ils se tiènent dans les bornes de leur commission, dans les fonctions de leur emploi.

» Si ces principes sont incontestables à l'égard du parlementaire envoyé par l'ennemi, combien n'ont-ils pas plus de force dans l'affaire dont vous vous occupez, puisque le colonel Gordon était l'envoyé du souverain légitime?

» En vain dira-t-on que le commandant de la place a pu le considérer comme un espion : les faits dont vous avez eu connaissance permettent-ils d'admettre cette excuse et celle du travestissement? On entend communément par espions des soldats, des paysans, qui s'introduisent furtivement dans une place ou dans un camp, pour observer la situation et les mouvements de l'ennemi. Mais comment appeler de ce nom un homme qui, loin de recourir à la fraude pour se glisser dans la place, s'est présenté avec l'uniforme de son grade, et paré des couleurs de son prince? Une conduite aussi franche, aussi noble, ne répond-elle pas à toutes les objections?

» Par une lettre que m'a adressée M. le général Bonnaire, il a réclamé un rapport, qu'il prétend avoir été fait par M. le baron Authing. Quoique nous n'ayions aucune preuve légale des assertions par lesquelles on chercherait à prouver que le commandant hollandais aurait refusé au colonel Gordon une escorte et un trompette, vous déciderez, Messieurs, si ce témoignage, en supposant même qu'il existe, peut détruire le rapport de S. A. R. le prince des Pays-Bas, et la déclaration du maire de Fresnes et des autres témoins.

» Si vous pensez que j'ai établi les faits d'une manière exacte, avant de rechercher les auteurs du meurtre, j'ai peut-être répondu à l'un des passages du mémoire publié dans l'intérêt du général. On y classe ce crime parmi les injustices légitimes, les péchés d'accord avec les lois, et dans la pensée du soldat, comme un acte autorisé. — Saint Augustin (je cite les propres expressions du mémoire), en louant les Goths de ce qu'ils avaient donné la vie à des gens qui leur demandaient quartier et qui s'étaient réfugiés dans les temples, dit qu'ils crurent ne pouvoir faire innocemment ce qui leur était permis par le droit de la guerre.

» Que conclure de cette citation en la rattachant à la mort du colonel Gordon? N'en résulte-t-il pas que les Goths n'ont pas fait ce qu'il leur était permis de faire, et que les auteurs du meurtre ont fait, contre le droit des gens et celui de la guerre, ce que l'un et l'autre leur défendaient?

» Il est sans doute des meurtres et des crimes autorisés par les cruelles lois de la guerre. Nous en citerons un exemple, parce qu'il honore à la fois et l'illustre chevalier qui en fut la victime, et la nation qui l'a vu naître. D'Assas, capitaine dans le régiment d'Auvergne, était à Klosterkamp dans la nuit du 15 au 16 octobre 1760; il commandait une grand-garde. Etant allé au point du jour reconnaître les postes, il tomba sur une colonne ennemie qui s'avançait en silence pour surprendre l'armée française: des grenadiers le saisissent et le menacent de l'égorger s'il dit un seul mot. Il y allait du salut de l'armée française: d'Assas n'hésite pas un instant, et s'écrie: *A moi, Auvergne! voilà les ennemis!* Aussitôt il tombe percé de coups, il meurt en héros. Ses meurtriers ne sont pas des assassins.

» De qui est émané l'ordre de fusiller le colonel Gordon? Cette question est de la plus haute importance.

» Le sieur Miéton était chargé de le reconduire vers le village de Fresnes: il prétend qu'il l'a laissé, après avoir pris les nouveaux ordres de son général, qui ont toujours été qu'on lui tirât un coup de canon. C'est pour en donner l'ordre, qu'il était, s'il faut l'en croire, dans la direction qui mène au fort Mazis.

» Nous voyons le témoin Krank déclarer qu'il l'avait reçu par un soldat; d'un autre côté, tous les témoins déclarent que le sieur Miéton était présent, et qu'il a ordonné le feu. La déposition d'un des aveugles instruments de cette exécution devient remarquable par l'aveu qu'il en fait, et qui pourrait lui devenir si funeste s'il n'avait la certitude que sa déclaration sera confirmée; car il n'a pas hésité à déposer qu'il était du nombre de ceux qui avaient tiré d'après l'ordre du sieur Miéton.

» Vous savez, Messieurs, que la malheureuse victime n'a reçu que deux coups de fusil; concevez-vous que les deux accusés, dont l'un était présent, et l'autre près ou dans la ville où ce déplorable évènement a dû être le sujet de tous les entretiens, n'ayent pas connu les deux hommes qui ont fait feu? C'est d'autant plus extraordinaire, que cet évènement a été approuvé; et qu'ils ont dû penser que leur empressement à exécuter cet ordre, ne pouvait avoir aucun résultat fâcheux.

» Ne pas les désigner, quand cela serait si essentiel dans l'intérêt de leur cause, n'est-ce pas donner à penser qu'ils craignent leur déposition? Vous ne serez donc pas surpris, Messieurs, que toutes les recherches que j'ai faites n'ayent pu me conduire à découvrir le nom de celui qui reste inconnu. Nous y avons mis d'autant plus de soin, que nous avions pensé, avant de connaître l'affaire, que leur présence pouvait être favorable aux accusés.

» Il est vrai de convenir que l'ordre du jour que vous connaissez, interdisait au général la faculté de les faire punir; mais il est naturel de penser que le général et son aide-de-camp ont dû les connaître. Le lieutenant Miéton a arraché la cocarde et le ruban du colonel; le sieur Chabert l'a vu, dans un café, montrant le ruban; il est toujours signalé comme ayant provoqué la mort du colonel; un témoin l'a entendu, au moment où le général ordonna de le mettre en prison, dire qu'il était plus simple de lui laver la tête avec du plomb; un autre affirme, qu'il a demandé au général la permission de lui passer son sabre au travers du corps; enfin, quinze témoins s'accordent à dire que c'est aux pieds de la victime, sur son corps sanglant, au moment où elle rendait le dernier soupir, qu'il a distribué, en tout ou en partie, l'argent que contenait la bourse du colonel.

» Si ces faits vous paraissent prouvés, pourrez-vous les considérer sous d'autres couleurs que celles qu'offre le tableau du crime sans remords? Que puis-je dire! quelles ressources trouverai-je dans les moyens de défense présentés par l'accusé Miéton? J'en suis réduit à ses dénégations et au silence des témoins qui n'ont pas parlé de lui. D'après la demande que je lui avais faite, de m'indiquer les témoins qu'il désirait faire entendre à sa décharge, il m'a répondu par une lettre jointe au procès, qu'il avait beau chercher, qu'il ne pouvait en désigner aucun; qu'il espérait que ceux que j'appèlerais, et ceux désignés par le général, donneraient la preuve de son innocence. Ils ont tous été entendus, et leurs dépositions n'ont offert que des résultats bien différents de ceux qu'il en attendait.

» Mais s'il est malheureusement constant que c'est le lieutenant Miéton qui a donné l'ordre, il nous reste encore à examiner s'il ne l'a pas reçu lui-même du général Bonnaire, lorsqu'il a apporté à celui-ci les papiers trouvés sur le colonel qu'il avait fait fouiller de sa propre autorité?

» Ici, Messieurs, se présente une réflexion bien naturelle, et que des juges militaires apprécieront mieux que tous ceux à qui on pourrait la soumettre; c'est qu'un aide-de-camp est toujours censé avoir transmis les ordres de son général, quand celui-ci ne les a pas démentis.

» A Dieu ne plaise, cependant, que je présente cette conséquence comme une preuve irrécusable, si elle est isolée. Voyons donc ce qu'a fait le général.

» Le même jour, il convoque le conseil municipal, et lui annonce qu'*on vient*, ou qu'*il vient* de faire fusiller un parlementaire, ou un traître qui voulait vendre la place. Quelle est la version qui prévaudra? C'est à votre sagesse à prononcer; mais je crois devoir vous présenter une observation qui, dans mon esprit, peut aider à éclaircir ce point.

» Qu'un particulier se fût servi de cette expression, *on vient de fusiller*, au lieu de dire: *je viens de faire fusiller*; il est certain que cette différence serait pour son honneur et pour sa vie, extrêmement importante. Mais un gouverneur annonçant une pareille nouvelle, semble dire, quelques termes qu'il employe: *c'est mon ouvrage*; puisqu'il est investi d'un pouvoir discrétionnaire sur la troupe. Et cela est principalement vrai, lorsque ce gouverneur, loin de blâmer l'évènement et d'en faire punir les auteurs, l'approuve d'une manière aussi formelle que l'a fait le général Bonnaire dans son ordre du jour.

» Que le colonel Gordon fût parlementaire, que ses pouvoirs fûssent valables ou non; qu'il fût un espion, un traître, un embaucheur; qu'il voulût vendre la place aux ennemis (faisons, pour un instant, cette pénible concession injurieuse à sa mémoire); que devait faire le général Bonnaire, défendant la place dans l'intérêt de l'usurpateur ou de tous autres? Se conformer à l'ordonnance de 1768 et au décret du 26 décembre 1811, convoquer le conseil de défense, lui soumettre son opinion, prendre même l'initiative, si la décision n'était pas conforme à ses vues pour ce qui était relatif à la place; mais dans tous les cas, livrer à une commission militaire celui qu'il regardait comme un espion ou un traître; car il ne pouvait pas, quelque étendus que soient les pouvoirs du commandant d'une place assiégée ou bloquée, disposer de sa vie ou laisser ses meurtriers impunis, sans en être responsable.

» Quelle était la position du général Bonnaire? Ignorait-il les évènements qui s'étaient succédés avec tant de rapidité?

Le général Authing lui avait fait pressentir depuis environ huit jours la position de la

France. Ces données pouvaient être suspectes au général Bonnaire, il pouvait les regarder comme des moyens employés pour faire rendre la place aux Hollandais; mais M. Choumara qui avait assisté à la bataille de Waterloo, lui avait rendu compte des évènements et lui avait annoncé que le roi devait être à Paris. Un membre du conseil municipal déclare qu'il a dit, en séance : je garde la place pour Louis XVIII. Il l'attendait donc !...

» Le 31 juillet, S. E. le ministre de la guerre, instruit par des lettres de la Hollande, de la mort funeste du colonel Gordon, écrit au commandant de la place de Condé, pour lui demander des renseignements ; et il en reçoit un rapport qni renferme des expressions d'une telle importance, que, depuis que je suis chargé de l'instruction de cette affaire, je ne cesse de les méditer. Vous l'examinerez avec soin lorsque j'aurai indiqué la conséquence qui me semble en résulter, car c'est dans ce rapport et dans l'ordre du jour du 6 juillet, que vous devez trouver la preuve de l'innocence du général s'il les interprète d'une manière favorable, ou de sa culpabilité s'ils restent tels qu'ils sont. Alors, puisque c'est sur l'intention de M. le général Bonnaire que vous devez juger ses actes écrits, vous saurez en faire un rigoureux examen ; vous verrez si la violence et l'insubordination ont réduit ce général à donner son approbation formelle à un attentat aussi odieux. Vous examinerez alors son ordre du jour du 5 août.

» Où trouverons-nous donc la preuve de

l'insubordination de la troupe? — Il me reste un devoir à remplir : sans doute il vous en restait un bien impérieux, réclamé par l'honneur et l'humanité, et d'un grand intérêt pour repousser loin de vous la terrible accusation qui pèse sur votre tête, si vous n'étiez ni l'auteur ni le complice de cet affreux malheur, qui violant à-la-fois tous les principes de la religion et de la justice, les lois naturelles et imprescriptibles du droit des gens, outrage la majesté royale. Il était peut-être encore temps: qui a pu vous arrêter? La conservation de la place? elle ne vous était plus confiée (1)...

---

(1) *Note du rédacteur.* — C'est en effet une pièce extrêmement importante que l'ordre du jour publié par le général, le 5 août, c'est-à-dire à l'instant même où, sur un nouvel ordre de M. le comte de Bourmont, il venait de remettre à M. le colonel Maufroy le commandement de la place.

S'il était innocent de la mort du colonel, s'il avait été forcé, par des considérations politiques, non seulement à ne pas en rechercher les auteurs, mais même à l'approuver; s'il avait été *le premier à gémir de ce malheur affreux*, comme l'assure M. Chauveau-Lagarde, dans son Mémoire, son vœu le plus cher devait être de profiter de la première circonstance favorable pour manifester ses sentiments; et pouvait-il en trouver une plus heureuse que celle où il venait d'être affranchi de toute espèce de responsabilité, relativement à la sûreté de la place?

Cependant son ordre du jour ne contient pas un mot qui nous permette de croire qu'il eût été *le premier à gémir de ce malheur affreux*, qu'il eût *voulu pouvoir le racheter de son sang*; et il témoigne, au contraire, à la garnison toute *sa satisfaction personnelle sur la bonne conduite qu'elle a tenue.*

Or, nous le demandons à tout homme de bonne foi :

» Le général Bonnaire a-t-il ordonné la mort du colonel Gordon ? Telle est MM., la question que vous avez à résoudre.

» Rien dans la procédure n'a pu nous conduire à la découverte d'un ordre *formel* émané de l'accusé ; mais, outre que cet ordre a pu n'être que verbal, ou a peut-être été anéanti par ceux-là mêmes qui avaient un grand intérêt à le faire disparaître ; vous examinerez, dans votre sagesse, si la preuve de l'existence de cet ordre, ne résulte pas à-la fois, et de l'ordre du jour publié par le général Bonnaire, quelques instans après la fin déplorable du brave colonel Gordon, et du rapport qu'il a adressé à S. E. le ministre de la guerre, en réponse à l'invitation qu'il en avait reçue de lui transmettre des détails sur ce funeste evènement.

» Comment concevoir, en effet, un ordre du jour dans lequel le général Bonnaire présentait l'assassinat du colonel, comme un acte de justice, s'il ne l'avait pas lui-même ordonné? Comment admettre qu'il se fût déclaré l'apologiste d'un tel crime, s'il n'en avait été le provocateur et le complice ?

» Dira-t-on qu'il ne faut y voir qu'une concession commandée par l'effervescence des soldats et par le besoin d'en prévenir les suites? Peut-être serait-il possible de se prêter à cette idée, si cet état d'effervescence était aussi

---

Est-ce ainsi qu'aurait parlé, à des soldats coupables d'assassinat, un général qui n'aurait eu aucun reproche à se faire, et que rien n'obligeait alors à les ménager ?

constaté qu'il l'est peu, et si nous n'avions d'ailleurs aucune autre pièce à l'appui de l'accusation ; et encore dans cette hypothèse, la conduite du général ne serait-elle pas exempte de blâme, car rien ne peut justifier une si honteuse transaction avec le crime, rien ne peut excuser les éloges donnés à un forfait dont le premier devoir du général était, au péril même de sa vie, de faire arrêter et punir les auteurs. Mais, nous vous l'avons déjà dit, messieurs, il existe au procès un autre écrit dont les termes nous paraissent accablants pour l'accusé, et sur lequel la rigueur de notre ministère nous fait un devoir d'appeler toute votre attention.

» Cet écrit, qui n'est autre chose que le rapport adressé par le général Bonnaire au ministre, renferme le passage suivant :

» On vint me faire un second, un troisième » rapport ; la troupe était indignée et faisait » solliciter l'ordre de le fusiller. Il fallait calmer » l'effervescence et l'exaltation des esprits de la » soldatesque, exaspérée contre un homme jus- » tement alors regardé comme un traître. Voilà » les raisons pour lesquelles cet homme, qui » s'est mis hors la loi, a été fusillé. ».

» Peut-être la défense du général Bonnaire expliquera-t-elle ce langage d'une manière satisfaisante : nous le désirons ; mais jusqu'à ce que cette explication vous ait été donnée, il nous semble impossible de l'interpréter d'une manière favorable.

» Non, la troupe n'a pas commis le meurtre de son propre mouvement : non, l'aide-de-camp Miéton n'a pas pris sur lui de l'ordonner. Si les choses s'étaient passées ainsi, on n'aurait pas eu besoin d'*aller faire au général un second, un troisième rapport;* et celui-ci n'aurait pas employé, dans sa lettre au ministre, ces expressions : *il fallait calmer l'effervescence des esprits, etc.; voilà les raisons pour lesquelles cet homme a été fusillé.*

» Si cet ordre du jour et ce rapport vous paraissent aussi décisifs, Messieurs, qu'ils nous l'ont paru à nous-mêmes; et si vous pensez que le général ait en effet donné l'ordre de fusiller le colonel Gordon, il vous restera encore un point important à méditer : ce crime porte-t-il le caractère de la préméditation?

» Quant à nous, nous n'hésitons pas à déclarer que cette circonstance aggravante ne se rencontre pas ici, parce que l'article 297 du Code pénal fait consister la préméditation dans *le dessein formé, avant l'action, d'attenter à la vie d'un individu déterminé, ou même de celui qui sera trouvé ou rencontré;* et qu'on ne peut pas dire que le général Bonnaire eût formé d'avance le projet d'attenter à la vie du colonel Gordon. On voit, au contraire, tant par l'instruction, que par le rapport même dont nous venons d'argumenter contre l'accusé, non-seulement qu'il avait d'abord voulu le faire constituer prisonnier, et ensuite le laiser partir; mais qu'il a hésité long-temps, c'est-à-dire, qu'il a attendu *un second, un troisième rapport,* avant de consentir à ordonner son supplice.

» Si, dans les actes mêmes du prévenu, nous

trouvons toutes les preuves de sa culpabilité ; nous devons fortement insister sur tout ce qui peut l'atténuer.

» Quant au sieur Miéton, son crime se trouve aggravé par des outrages, des violences et des provocations ; vous saurez consulter les art. 209 et 304 du Code pénal.

» Nous croyons pouvoir, relativement au général Bonnaire, mettre sous vos yeux les art. 8 et 10 de la loi du 1er mai 1812, et l'avis interprétatif du conseil d'état du 22 septembre de la même année.

» Tout semble s'être réuni pour rendre cette cause plus remarquable. Le rapporteur doit justifier de toutes ses opérations ; il est chargé d'éclaircir tous les faits. Vous n'oublierez pas que deux hommes ont osé se présenter devant vous, après avoir affirmé sous la foi du serment, que les accusés étaient de grands coupables. Pressés par vos sages questions, vous avez reconnu qu'ils étaient indignes de votre confiance ; et d'une voix unanime, vous avez rejeté leur témoignage, sans y avoir été provoqués par les défenseurs, ni par les accusés. Je suis loin de rétracter les expressions dont je me suis servi à leur égard ; qu'elles consacrent de nouveau leur honte ! Dans le même moment on pouvait établir un rapprochement frappant : l'un de ces témoins avait signé un certificat sans le lire, l'autre voulait faire entendre que le juge instructeur de Beauvais avait totalement dénaturé sa déposition ; il le présentait à vos yeux comme un prévaricateur. Oui, Messieurs, vous êtes convaincus que ce certificat a été signé sans être lu (1) ; j'ai fait mon devoir en le prouvant, je n'en réclame pas moins en faveur du général Bonnaire ce qui peut se rattacher à sa défense, seulement pour sa moralité.

---

(1) *Note du rédacteur.* — Ce certificat, qui avait paru fort bizarre à tout le monde (au moins quant aux deux derniers paragraphes), s'explique aujourd'hui d'une manière toute simple.

En effet, puisqu'on a la preuve que cette pièce a été officieusement rédigée et colportée par un homme qui, pendant l'interrègne, avait été jugé digne de remplacer le respectable et fidèle maire de Condé, il est naturel de penser que c'est pour fortifier la défense du général, que ce complaisant rédacteur y a inséré ce passage :

« *Ce sentiment généreux*, vous l'avez une seconde fois » montré, dans une circonstance où il n'appartient pas à » l'autorité civile d'énoncer son opinion ; mais, quels que » soient le jugement qu'on en porte et les torts que l'on » vous impute, nous sommes persuadés que vous en » prendrez sur vous qui vous sont étrangers. »

Peut-être ne serions-nous pas fondés à raisonner de la sorte, si cette adresse, quoique faite dans des formes illégales, avait suivi de près la retraite du général ; mais ; M. Chauveau-Lagarde nous apprend lui-même, dans son Mémoire, qu'elle ne fut envoyée, à son client, que *le* 16 *août ;* et, outre que le général ne commandait déjà plus la place, depuis *le* 5 *du même mois*, on sait qu'il avait reçu du ministre de la guerre, *dès le* 31 *juillet*, l'invitation de lui transmettre des renseignemens sur le meurtre du colonel Gordon.

Or, d'une part, il n'aurait pas fallu dix jours pour rédiger et signer l'adresse, si l'on n'avait eu besoin ni d'en *soigner* la rédaction, ni de *solliciter* les signatures des membres du conseil ; et de l'autre, la demande du ministre ne permettait pas de douter qu'on ne se préparât à faire poursuivre et punir les coupables.

C'est donc, bien évidemment, pour atténuer, autant que possible, et les termes de l'ordre du jour publié après

» Si j'ai été forcé de peindre le général sous des couleurs bien criminelles sous le rapport du fait dont il est accusé, il m'est permis de rendre hommage à la vérité des assertions avancées dans son mémoire, et où il cherche à exposer sa conduite antérieure au 20 mars, et aux déplorables circonstances qui l'ont amené à Condé. On a parlé de son caractère avec éloge, plusieurs témoignages confirment cette opinion : il a adouci les mesures de rigueur; un témoin, recommandable par ses principes et sa haute dignité (1), appuie par sa déposition orale ce qu'il avait déjà déclaré devant nous. On croira avec peine que celui qui, loin d'avoir souillé sa vie d'aucune tache, a parcouru une glorieuse carrière et qui s'offre à vos regards, couvert d'honorables blessures, puisse s'être rendu coupable d'un grand crime. Vous avez tous fait cependant, Messieurs,

---

la mort du parlementaire, et ceux du rapport envoyé au ministre par le général, *le 4 août*, qu'on a affecté de le présenter dans *l'adresse*, comme un homme qu'*un sentiment généreux* avait porté et porterait encore *à prendre sur lui des torts qui lui étaient étrangers*.

D'après cela, il faut adopter, de l'adresse du conseil municipal, ce qui est relatif à la conduite honorable du général envers les habitants de Condé, parce que tout ce qu'elle contient à ce sujet se trouve attesté d'ailleurs par des témoins respectables; mais il faut ne voir, dans ce qui s'applique à la mort du colonel, qu'un piége tendu à la crédulité publique et à celle des juges; piége d'autant plus absurde, au reste, qu'il faudrait n'avoir aucune connaissance du cœur humain, pour croire qu'il existât un seul homme assez ennemi de lui-même pour se charger d'un crime qu'il n'aurait pas commis.

(1) Le général comte Ricard, pair de France.

cette réflexion : la moralité d'un accusé ne détruit pas les preuves de sa culpabilité, mais elle augmente le désir que des juges tels que vous ont de le trouver innocent, et les porte à interpréter favorablement tout ce qui est susceptible de l'être.

» Le sieur Miéton dans un rang moins élevé, nous reste presque inconnu, avant l'époque de son arrestation. Entraîné peut-être par de perfides conseils, dans les bandes qui ont protégé l'usurpation, il a pu en recevoir de si fortes impressions, qu'il n'a pas été le maître de résister à leur funeste influence.

» Il me reste un cruel et dernier devoir à remplir; je ne puis me défendre d'une bien vive émotion, et pourrais-je ne pas l'éprouver, quand mon opinion peut influer sur l'honneur et la vie des accusés? Mais une idée consolante me rassure : des militaires aussi braves qu'éclairés, aussi dévoués à la justice, qu'ils le sont au Roi, ne peuvent recevoir aucune impression sans qu'elle soit fondée sur tout ce que l'honneur, la morale, la religion et la justice ont de plus sacré.

» D'après les dépositions des témoins, l'ordre du jour du 6 juillet, le rapport au ministre de la guerre, du 4 août, l'ordre du jour du 5 août et l'impunité des auteurs du meurtre, nous concluons à ce que le maréchal de camp Bonnaire (Jean Gérard) soit déclaré coupable d'avoir ordonné le meurtre du colonel Gordon, en violation du droit des gens et sans aucun égard pour le caractère sacré de parlementaire, dont il était revêtu.

» Quant au lieutenant Miéton (Antoine) ex-aide-de-camp, nous concluons, à ce qu'il soit déclaré coupable d'avoir provoqué par ses discours, ses instigations, ses violences et ses outrages, le meurtre du colonel Gordon, et d'y avoir pris part; en détachant néanmoins de l'accusation, ce qui est relatif au caractère de parlementaire. »

Ce rapport a été écouté avec un intérêt d'autant plus vif, qu'on éprouvait le besoin, d'après ce qui s'était passé dans les affaires des généraux Drouot et Cambrone, d'entendre professer ces grands principes de morale et d'ordre public, dont l'oubli nous a été si funeste. Grâces soient rendues à Monsieur de Melon(1)! Il a parlé le véritable langage d'un sujet fidèle, et il a su, en même

(1) Il paraît, au reste, que les sentiments d'honneur et de fidélité sont héréditaires dans cette famille. M. de Melon avait un frère (Isidore), officier au régiment du duc d'Angoulême, qui périt à l'âge de vingt-deux ans, après le siége de Lyon.

Envoyé par les princes, au camp de Jalès, il trouva moyen de se soustraire à la fureur des prétendus patriotes, et retourna à l'armée des princes, où il reçut l'ordre de se rendre à Lyon. Sorti après le siége, avec l'arrière-garde, il fut blessé et pris. Etonné de son courage, on lui offrit de le sauver s'il voulait abandonner la cause sacrée qu'il servait; mais il accueillit cette proposition aux cris de *vive le roi!*

Traduit devant ses juges, ou plutôt devant ses bourreaux, ils lui demandèrent depuis combien de temps il était parmi les brigands? et voici quelle fut sa réponse : *Un chevalier français ne se trouve jamais volontairement au milieu d'eux : je n'y suis que depuis qu'on m'a arrêté.*

On ne sait ce qui était le plus étonnant, dans ce jeune

temps, concilier les devoirs que lui imposait la sévérité de son ministère, avec les égards que l'on doit toujours au malheur.

M. Chauveau-Lagarde, après avoir demandé et obtenu du conseil la permission de plaider assis, à cause de son état de maladie, s'exprime à peu près en ces termes :

« Messieurs, comme un soldat mutilé, qui oublie ses blessures pour se rendre au champ-d'honneur, où son devoir l'appèle, je viens défendre aujourd'hui le général Bonnaire, n'ayant presque d'autre force que celle que me donne le sentiment de son innocence... Mais, il me siérait mal de songer à moi dans la défense d'un homme qui s'est oublié toute sa vie pour la défense de son pays. D'ailleurs, ayant à parler à des juges, l'élite de la noblesse et de la bravoure française, il me suffira d'employer devant eux le langage de la vérité et de l'amour de mon pays, que je saurai toujours parler, jusqu'à mon dernier soupir.

« Oui, Messieurs (s'écrie Me. Chauveau-Lagarde, en quittant son siége), je retrouve ma force quand il s'agit d'exprimer tous mes sentiments de respect, d'amour et de reconnaissance pour sa majesté. Une main sur mon cœur, qui tressaille au nom sacré du roi, une autre sur

---

homme, de sa rare intrépidité ou de son instruction : il parlait toutes les langues vivantes.

Sa famille resta long-temps dans les cachots, et n'en sortit qu'après le 9 thermidor.

le livre sacré de nos lois, je ne crains pas de vous affirmer que c'est avec la conviction la plus entière de l'innocence du général Bonnaire que je viens le défendre devant vous; que sans cette conviction je n'aurais jamais entrepris une cause dans laquelle on suppose que l'autorité du roi aurait été méconnue; mais que jamais conviction ne fut plus intime et plus profonde, et je vais tâcher de la justifier.

L'orateur entre dans sa cause, en essayant de prouver que le colonel Gordon s'étant présenté devant le général Bonnaire, sans cocarde, sans rubans, sans marques visibles de son grade, et avec ce trouble et cet embarras qui étaient la suite des mauvais traitements qu'il venait d'éprouver, le commandant était autorisé à le regarder peut-être comme un traître, et du moins comme un homme suspect; surtout lorsqu'on sait que le colonel était *hollandais* et revenait de l'armée *hollandaise* qui bloquait la place.

Il examine ensuite si le colonel s'est présenté avec tous les signes distinctifs d'un parlementaire; et il soutient que sa mission, toute sainte qu'elle fût dans son objet, n'avait pas le caractère apparent propre à la constituer. Un parlementaire se reconnaît, dit-il, d'abord aux *signes extérieurs*, qui sont le trompette ou le tambour qui le précède; et secondement, à la *régularité* des dépêches dont il est chargé. Or, il est généralement reconnu que le colonel Gordon ne s'était annoncé par aucun signe extérieur, et qu'il n'avait aucun ordre direct du ministre de la guerre.

Ici M. le procureur du roi a pris la parole pour relever les erreurs dans lesquelles venait de tomber le défenseur, et il a retracé rapidement les usages militaires dans les armées européennes.

L'article 86, titre 2 de l'ordonnance du 1er mars 1708, parle de la manière de recevoir les tambours et trompettes envoyés par l'ennemi ; mais l'usage immémorial qui sert de loi parmi les nations civilisées, relativement aux parlementaires, le voici :

Le trompette sonne pour empêcher que les sentinelles ne tirent sur l'officier envoyé en parlementaire. Si celui-ci veut bien, au risque de sa vie, s'en reposer sur la force de sa voix, du moyen de faire entendre qu'il vient parlementer, on ne peut lui rien reprocher à cet égard. Ce qui constitue la légitimité d'un parlementaire ne consiste pas à être ou non précédé d'un trompette ; ce sont les pièces dont il est porteur. Il arrive souvent, lorsqu'une rivière sépare les deux armées belligérantes, qu'un mouchoir blanc suffit pour annoncer *sans danger* qu'on désire parlementer ; quelquefois même, quand la voix peut se faire entendre d'un poste à l'autre, on n'emploie pas d'autre moyen.

Ces différentes manières de communiquer sont aussi en usage devant les places fortes.

Quant à l'objection de M. Chauveau-Lagarde, qu'un parlementaire n'a un caractère officiel qu'autant que ses lettres sont signées du souverain ou de son ministre, il est bien facile de la réfuter. Les généraux d'armée parlementent entre eux, et leurs signatures suffisent pour donner réciproquement à leurs envoyés le caractère officiel de parlementaire. Il y a mieux : les commandants de deux postes ennemis, placés vis-à-vis l'un de l'autre, parlementent quelquefois aussi, et leurs signatures suffisent encore pour faire respecter leurs envoyés comme parlementaires.

Les armées sont ordinairement trop éloignées de leurs souverains respectifs ou des ministres, pour qu'elles soient astreintes à avoir les signatures de ces derniers, pour parlementer avec les armées qui leur sont opposées.

M.e Chauveau Lagarde répond que ces ordonnances et la variété des usages dans les signes extérieurs employés par ces parlementaires ne détruisent pas le principe de la nécessité de ces signes extérieurs ; et il combat cette règle alléguée par M. le capitaine rapporteur : que, d'*après la hiérarchie des pouvoirs militaires*, non-seulement M. de Bourmont, mais tout autre officier inférieur aurait pu le remplacer pour donner au colonel une mission semblable. L'avocat soutient avec chaleur que cela était impossible. La mission, dit-il, était donnée au nom du Roi : il est insoutenable qu'une mission de cette importance puisse émaner d'un officier inférieur quel qu'il soit ; et il n'y avait que la signature du ministre de la guerre de Sa Majesté, qui pût la régulariser.

Il termine en avouant que la mort du colonel Gordon, est un affreux malheur, mais il en rejète tout l'odieux sur les soldats irrités, qui ne pouvaient voir qu'un traître dans un homme que les pièces trouvées sur lui, désignaient comme ayant quitté l'armée pour passer au quartier-général étranger; et il prétend qu'à travers cette méprise fatale, on distingue encore *un principe et un sentiment d'honneur*, la haine que le soldat français porte aux traîtres et aux déserteurs.

M. de Maccarty. — Nous ne pouvons vous laisser avancer des faits et des principes faux; nous ne pouvons reconnaître des sentiments d'honneur dans des soldats qui auraient massacré l'homme dont la garde leur était confiée; ni voir un déserteur dans le colonel Gordon, puisqu'il ne pouvait rejoindre le roi qu'en traversant l'armée de Bonaparte.

M. le colonel de Maleyssie fait observer, que si les soldats ont connu ces pièces, qui n'auraient jamais dû sortir des mains du général, c'est qu'elles leur ont été livrées par lui ou par son aide-de-camp.

L'accusé Miéton se lève. — En lisant, dit-il, les papiers trouvés sur le colonel Gordon, mon attention s'est fixée sur cette pièce : les soldats qui étaient à côté de moi l'ont lue, sans que j'aye pensé à les en empêcher.

M. le colonel Maleyssie. — Vous donnez une étrange idée de la connaissance que vous avez de vos devoirs, et vous ne diminuez pas le poids de l'accusation qui pèse sur vous.

Me Lebon prend la parole pour discuter le fait matériel de l'accusation, c'est-à-dire, la question de savoir si le général Bonnaire a ordonné de fusiller le colonel Gordon; et voici comment il raisonne:

Le général nie d'avoir donné un tel ordre, et cette seule dénégation est de quelque poids dans la bouche d'un homme d'honneur et auprès de juges tels que vous. L'ordre par lui donné de le faire sortir de la ville, et de lui tirer un coup de canon à la volée, est exclusif de l'ordre de fusiller le colonel (1). Personne (et il y avait beaucoup de témoins de l'entrevue) n'a parlé d'un ordre de cette espèce, si l'on en excepte le misésérable dont vous avez écarté la déposition. L'aide-de-camp lui-même ne parle pas de l'existence d'un tel ordre qui le justifierait (2).

---

(1) Faux raisonnement ! ce que vous dites est vrai pour le premier moment de la scène, mais il n'en résulte pas que l'ordre de faire périr le colonel n'ait pas été donné plus tard par le général, c'est-à-dire *lorsqu'on vint lui faire un second, un troisième rapport.*

Et quant à l'argument que vous tirez du silence des témoins de l'entrevue, c'est encore mal raisonner; car les soldats, qui avaient accompagné le parlementaire auprès du général, n'étaient plus-là quand le lieutenant Miéton lui porta les papiers trouvés sur le colonel.

(2) Le silence de l'aide-de-camp ne prouve rien nonplus, car on conçoit sans peine qu'accablé par les preuves qui existent contre lui, et ayant à se reprocher, nonseulement les outrages dont il combla le colonel, mais encore d'avoir compromis son général, en lui arrachant, à force d'importunités, l'ordre fatal, il se soit cru obligé de ne pas aggraver ses torts à son égard, par une révélation à l'appui de laquelle il n'aurait pu fournir aucune preuve, si, comme il y a tout lieu de le croire, l'ordre n'a été que

La majorité des membres du conseil municipal a déclaré que le général avait dit, à la séance du 6 juillet : *on vient de fusiller.* Songez à ce mot échappé au général, et que sa générosité seule désavoue : *la précipitation de ce jeune homme nous a perdus.* D'après l'avis du conseil d'enquête, il n'y aurait de sa part qu'un consentement tacite. Il faudrait que ce consentement eût précédé l'action; les actes qu'il a faits depuis ne sont qu'une suite de l'erreur excusable dans laquelle il se trouvait sur le caractère du colonel (1). Ces actes étaient d'ailleurs commandés

---

verbal, et qui, d'ailleurs, n'aurait pas amélioré sa propre condition.

Il est constant que le crime a été commis ;

Il est constant, d'après l'instruction et le débat, qu'on ne peut pas l'imputer à la troupe ;

Il est constant que c'est l'aide-de-camp qui a apporté l'ordre ;

Enfin, il est constant que Miéton, après qu'il eut fait fouiller le colonel, fit plusieurs messages auprès du général.

Il faut donc en conclure que le meurtre a eu lieu en vertu d'un ordre supérieur, car lors même qu'il ne répugnerait pas à la raison de croire qu'un aide-de-camp ait pu se permettre un pareil acte ; tout le monde doit sentir que si Miéton l'avait osé, il n'aurait pas eu besoin d'aller faire au général un deuxième, un troisième rapport.

(1) Cessez donc d'appeler cela une *erreur excusable.* Le général n'a pu s'abuser ni sur le caractère dont le colonel était investi, ni sur l'authenticité des pièces dont il était porteur ; et il n'est pas plus admissible à dire qu'il s'est trompé, que ne le serait un assassin à prétendre qu'il n'a pas cru que le coup qu'il a porté à sa victime pût lui donner la mort. Il a méconnu, outragé le colonel ; et lors même qu'il ne mériterait pas d'autres reproches, ce serait encore

par les circonstances difficiles où il se trouvait. La mort du colonel Gordon est un malheur ; elle est le résultat funeste, mais imprévu, de la mesure que le commandant avait prise, de la seule qu'il pouvait prendre pour le sauver.

Le conseil suspend la séance pendant une heure et demie.

Il la reprend à cinq heures, et M. Bexon, avocat du lieutenant Miéton, n'étant pas présent, M. Chauveau-Lagarde demande la permission de présenter quelques observations nouvelles dans l'intérêt de son client.

M. le Rapporteur, dit-il, n'a trouvé des preuves contre le maréchal-de-camp Bonnaire, que dans des actes postérieurs à l'évènement, et desquels ils résulterait qu'il ne l'a point désapprouvé. Mais l'approbation expresse ou tacite d'un crime, quelque condamnable qu'elle soit aux yeux de la morale, ne peut caractériser ni la culpabilité, ni la complicité.

Le fatal ordre du jour, du 6 juillet, a bien pu donner l'idée de rechercher s'il existait des preu-

---

un grand crime qu'aucune nation n'a jamais laissé impuni.

On lit dans le *Mercure de France*, *de septembre* 1728, *page* 2104, que « le comte de Castéja, ministre plénipotentiaire de France en Suède, ayant demandé satisfaction d'une insulte faite publiquement à l'abbé Guyon, qui avait été chargé des affaires du roi très-chrétien, depuis le départ du comte de Brancas-Cerest, le coupable fut condamné à mort, le 16 août 1728, par le premier conseil de justice de la cour du roi. »

Et vous savez que la personne des parlementaires n'est pas moins sacrée que celle des ambassadeurs.

ves du crime dont on accusait le général Bonnaire; mais il n'a pu lui-même, lui tout seul, fournir une telle preuve; d'ailleurs la preuve contraire existe au procès, lorsque tous les témoins déclarent que le gnénéral Bonnaire n'a pas donné l'ordre qu'on veut lui attribuer.

La conduite qu'a tenue le général, ajoute le défenseur, a été celle d'un bon Français; et jusques dans le commandement de Condé, qu'il tenait d'un pouvoir illégitime, il a encore servi la cause de la légitimité.

M. de Maleyssie l'interrompt: — Le général Bonnaire qui, peu de jours avant le retour de l'usurpateur, avait reçu du Roi la croix que je vois briller sur sa poitrine, et que j'ai l'honneur de porter depuis vingt-sept ans; qui avait prêté le serment de servir le Roi seul, au péril de sa vie; a trahi ce serment en acceptant un commandement de l'usurpateur; et nous ne pouvons souffrir qu'on prétende qu'il l'a accepté dans l'intérêt du gouvernement légitime.

Le général Bonnaire. — J'ai eu l'honneur, peu de jours avant l'arrivée de Bonaparte, d'être nommé chevalier de Saint-Louis; j'ai renouvelé mon serment de fidélité au Roi, à cette époque où la trahison et la félonie avaient infecté la France; j'ai sollicité l'honneur que je n'ai pu obtenir, de mourir pour la défense de son trône; et la fatale révolution était consommée quand j'ai été nommé commandant de la place de Condé. J'ai cru qu'il était du devoir d'un honnête-homme et surtout d'un militaire, de servir le gouvernement existant dans son pays. Je puis être dans l'erreur, mais je ne crois pas que ce principe soit subversif de l'ordre social.

M. le Marquis de Maleyssie, avec une noble énergie. — Il ne s'agit pas ici de l'ordre social, mais d'un serment prêté au nom de l'honneur, d'un serment prêté au souverain légitime, et auquel je ne connais rien qui pût me faire manquer, si ce n'est la volonté de mon Roi.

Le général Bonnaire. — Si mon avocat doit être gêné dans l'expression de ses moyens de défense, je le prie de finir ici. Ces discussions politiques ne sauraient intéresser la justice, et je désire qu'elles ne soient pas continuées.

M. de Maleyssie. Nous rendons tous justice à Mᵉ Chauveau-Lagarde. Il a montré son dévouement à l'auguste famille des Bourbons, dans des circonstances assez solennelles, pour que ses sentiments ne soient pas douteux pour nous; mais le plus honnête-homme peut se tromper; et le conseil ne peut souffrir qu'on professe ici des principes contraires à la dignité du trône. Il accueillera toujours les moyens qui se rattachent à la défense...... Mᵉ Chauveau-Lagarde peut continuer.

M. Chauveau-Lagarde. — Je me sens encore des forces pour défendre mon client, mais non pas pour lutter contre ses juges.

M. le Président. — Il ne peut y avoir de lutte. Ce n'est qu'un mal-entendu. Voulez-vous bien continuer?

M. Chauveau-Lagarde. — Oui, c'est un mal-entendu, M. le Président, c'est le mot; je vous rends grâce de l'avoir prononcé, je terminerai ma défense en protestant que le général est français dans la noble expression de ce mot; j'ose dire qu'il l'est autant que moi, malgré ses torts et ses fautes; il m'a ouvert son cœur; je l'ai vu pur; et j'ai recueilli ses sentiments et ses vœux qui sont tous pour la gloire du roi, pour la prospérité de la France et le triomphe de la légitimité.

M. Bexon prend, à son tour, la parole.

Dans un seul mot, dit-il, mon client eût peut-être trouvé son salut : ce mot lui a été indiqué plusieurs fois dans le cours du procès; son cœur et sa conscience lui ont défendu de le prononcer; il est resté fidèle à leur voix. Ce mot eût été un mensonge, une calomnie; en l'articulant il eût commis un crime pour échapper à l'accusation d'un crime.

Le défenseur fait connaître la vie militaire du sieur Miéton. Arrivé à l'évènement du 7 juillet, il soutient que son client ne peut être regardé ni comme auteur, ni comme complice. Quels sont les témoins qui accusent Miéton? Des hommes qui ont pu mal entendre ou qui ont intérêt à l'accuser pour ne pas encourir eux-mêmes la responsabilité du crime qui a été commis dans un moment d'exaltation et d'effervescence.

Il termine en cherchant à écarter la circonstance de la préméditation, dans le cas où l'on admettrait comme constant le fait de l'accusaion.

Écoutons maintenant la réplique de Monsieur le Rapporteur.

» Messieurs,

» Je n'ajouterai rien à tout ce qui se rattache au fait matériel. Les témoignages ont été commentés : si mes expressions ont été changées, vous pouvez vous en assurer. Loin de nous l'idée qu'on puisse nous supposer l'affreux désir de trouver les accusés coupables, s'ils ont été justifiés! Nous avons écarté de notre rapport toutes les circonstances qui pouvaient nuire aux prévenus dans leur position politique; mais nous ne faisons aucune concession sur les principes.

» On a dit dans le plaidoyer : qu'était le colonel Gordon, que devait-il être aux yeux du commandant de la place de Condé et de la garnison? Nous répondons, il était envoyé du Roi, allant, en son nom, sommer des rebelles de se soumettre à leur souverain légitime.

» Nous croyons avoir rempli avec loyauté nos fonctions. Puissent les accusés, quel que soit leur sort, puissent leurs défenseurs nous rendre cette justice! Nous leur avons donné par écrit et verbalement l'assurance, qu'à toute heure, nuit et jour, nous recevrions ou donnerions toutes les communications qu'on croirait nécessaires. Nous avons fait plus : dans nos entretiens particuliers, nous n'avons jamais cherché à leur inspirer une fausse sécurité; nous leur avons conseillé même la modération nécessaire dans leur défense. Si nous avons outrepassé nos pouvoirs, c'est la seule occasion où nous en braverions le reproche; (c'était dans leur intérêt). Nous avons la certitude que les chefs qui nous honorent de leur confiance, répéteront avec nous : *égards, respect au malheur !*

» Et vous, Messieurs, quelle a été votre conduite? Que de concessions généreuses ! vous avez consulté les défenseurs ; ils ont parlé de votre modestie, elle eût été déplacée ; vous connaissez vos devoirs. On avait parlé au nom de l'humanité ; vous ne pouviez être sourds à sa voix. Vous n'avez consulté, que pour avoir l'assurance que cette nouvelle preuve de la noblesse de votre caractère ne serait pas employée pour rendre vos opérations irrégulières.

» Les principes du véritable honneur ne peuvent changer. C'est en vain que les prétendus philosophes et les soi-disant *libéraux* ont voulu dénaturer les maximes les plus sacrées : l'influence de la vertu et de la raison triomphera de leurs sophismes ; le bonheur de la France, le repos du monde, en seront les heureux résultats ; nos espérances ne seront plus trompées ; nos destinées ne sont plus douteuses ; elles sont confiées au chef auguste et vertueux de cette illustre famille, qui, pendant tant de siècles, nous donna avec la douce habitude du bonheur, l'exemple de toutes les vertus, digne héritage des enfants de saint Louis. Les vertus du trône se répandent sur ceux qui s'en approchent. Ce n'est point une fade adulation qui vous est adressée (1), c'est la sauve-

(1) Ceci s'adressait à MM. le duc de Maillé, le comte de la Ferronnaie et le comte Marcarty, dont l'un est premier gentilhomme de S. A. R. MONSIEUR ; l'autre, premier gentilhomme de S. A. R. le duc de Berry, et le troisième, aide-de-camp de S. A. S. le prince de Condé.

garde que je présente aux accusés, s'ils sont innocents. »

M. le Président demande aux accusés et à leurs avocats, s'ils n'ont rien à ajouter à leur défense.

M. Bexon invoque pour son client la disposition des articles 8 et 10 d'un décret du premier mai 1812, qui permettent aux conseils de guerre de commuer la peine de mort en celle de la déportation ou de l'emprisonnement, lorsqu'il se présente des circonstances atténuantes.

Le général Bonnaire se lève, et prononce le discours suivant :

« MESSIEURS,

» Je ne crois pouvoir mieux éclairer la religion du conseil et justifier tout ce que j'ai dit et fait, qu'en disant encore tout ce que j'ai pensé.

» Le 16 mars, je renouvelai mon serment de fidélité au Roi. En priant S. Exc. le ministre de la guerre de faire agréer mes offres de service à une époque où la félonie et la trahison étaient le caractère et le malheur du temps, je m'enchaînais à des devoirs sacrés que je voulais remplir du plus profond de mon cœur.

» Lorsque j'acceptai, quelque temps après, le commandement supérieur d'une place de première ligne, tout était consommé. J'ai toujours pensé qu'il était du devoir d'un honnête homme et surtout d'un militaire, d'obéir au gouvernement établi (1). J'arrivai à Condé dans la pre-

(1) Le conseil de guerre a improuvé ce principe ; si c'est

mière quinzaine d'avril. Le 25 mai, je fus destitué et rappelé comme royaliste, par suite de plusieurs dénonciations dirigées contre moi.

Je reçus le 6 juin, après la mort de mon successeur, de nouvelles lettres de service pour

---

une erreur d'opinion, je prie qu'on s'arrête à la pureté de mes sentiments. (*Note du général Bonnaire.*)

Note du rédacteur. — Oui, monsieur le général, ce principe est une erreur, et une erreur très-grave.

C'est ainsi qu'ont pensé, ou pour mieux dire, *feint de penser* ces fonctionnaires infidèles, qui, au 20 mars, n'ont pas voulu sacrifier à leurs devoirs les vils calculs de leur ambition et de leur cupidité, et c'est encore la doctrine que n'a pas craint de professer un pair de France, dans un écrit où il cherchait à se justifier du reproche d'avoir présidé la chambre des *soi-disant représentants*, en alléguant, comme vous le faites aujourd'hui, qu'à l'époque où il avait accepté ces fonctions, le gouvernement de Buonaparte avait acquis *l'éclat de la visibilité*.

Mais ni ces scandaleux exemples, ni les sauvages principes qu'a développés ce pair, ne peuvent absoudre, aux yeux des amis de la morale, le parjure et la trahison.

Quand un usurpateur s'est emparé des rênes du gouvernement, et que les bons citoyens n'ont aucun moyen de faire triompher l'autorité légitime, il faut bien sans doute qu'ils se soumettent; mais il y a loin de cette obéissance *passive*, à celle des hommes qui, en acceptant du *gouvernement établi*, des places et des honneurs, concourent à l'usurpation et en deviènent les complices.

Qu'on ne nous parle donc plus d'obéissance aux *gouvernements de fait*, pour excuser l'appui qu'on leur prête. Ceux qui s'associent à l'usurpateur ne conspirent pas seulement contre le roi, ils conspirent aussi contre la patrie, dont les intérêts sont les mêmes, et elle a le droit de les punir du crime dont ils se rendent coupables, en soutenant son ennemi.

aller reprendre le commandement de Condé. Ce poste important ne pouvait plus être pour moi qu'un écueil. Désagrements, peines et dangers sans nombre, c'était tout ce que j'avais à espérer en y retournant. Mais la guerre allait éclater, et j'aurais cru commettre une lâcheté si j'eusse refusé d'obéir.

» Le 25 du même mois, je reçus la nouvelle officielle de l'abdication de Buonaparte. Je cherchai alors à reporter l'affection des troupes sur ce qui devait leur être cher, leur pays ; à rendre au mot *patrie* sa signification et son énergie ; mais le mal était trop profondément enraciné. Mon ordre du jour produisit le plus mauvais effet ; et dès ce moment je sentis la nécessité de ménager dans l'esprit du soldat son déplorable aveuglement, qui allait être le seul soutien de la place.

» Le 1er juillet, M. le lieutenant-général baron d'Authing, qui commandait les troupes hollandaises bloquant Condé, m'envoya, par un parlementaire, une lettre dans laquelle il manifestait le désir que j'eusse à traiter avec lui pour la remise de la place, de la part de son souverain, à S. M. Louis XVIII. Les troupes étrangères débordaient de tous les points de la France ; nos belles provinces étaient déjà envahies ; j'ai pris ce raisonnement captieux pour une de ces ruses que la guerre autorise.

» Le 7, le colonel Gordon vint se faire arrêter comme suspect entre le premier et le second poste, sur la route de Fresnes. Je chargeai M. Miéton d'aller le chercher. Un moment après, je me rendis en dehors de la porte de Valenciennes, où l'adjudant-commandant Gordon me fut amené. Cet officier supérieur était en redingotte, et n'avait aucune marque apparente de son grade : les mauvais traitements qu'il avait essuyés augmentèrent sans doute son embarras. Je lui demandai pourquoi il se présentait dans un tel équipage, et qui il était. Il me répondit, autant que je puis m'en rappeler, qu'il avait une lettre à me remettre, et qu'il venait de la part de S. M. Louis XVIII, qui était à Paris, pour prendre le commandement de Condé. Sa lettre était signée *Gordon*, et portait en substance que S. M. Louis XVIII était rétabli sur son trône ; que la France et l'armée avaient fait leur soumission. C'était à peu près le même langage que m'avait tenu le général hollandais.

» Le colonel Gordon se présentant avec les apparences d'un homme mal intentionné; n'ayant ni signe, ni titre, ni pièce officielle qui lui donnât le caractère dont il se disait revêtu, je demandai s'il y avait une place dans la prison où il pût être séparé des soldats. Mais la troupe, qui avait déjà manifesté le désir de le faire périr, fit entendre tout-à-coup, entr'autres menaces, qu'il n'irait pas jusque-là.

» Ce fut alors, pour le soustraire au danger imminent qu'il courait, que j'ordonnai qu'on le renvoyât. Et comme il y eut de l'hésitation, j'ajoutai, un moment après, qu'on lui tirerait un coup de canon quand il serait près d'entrer dans le village de Fresnes.

» C'était le seul moyen que je crusse devoir

employer pour le sauver, en calmant la fureur du soldat. L'ayant pris pour un émissaire hollandais, j'aimais encore mieux, quoiqu'il fût un grand coupable à mes yeux, le renvoyer que de le voir périr.

» Alors, dans cette succession rapide de circonstances amenées par l'exaltation et l'erreur, je le suivais de la pensée, et je conçus de l'inquiétude quand je vis que le temps où il aurait dû être dans le village de Fresnes, se trouvant écoulé, la troupe l'avait toujours en sa possession. C'est dans ce moment que j'ai dit à un sous-officier : *Allez dire qu'on exécute mon ordre; qu'on tire dessus, mais qu'on le laisse partir.* C'était un nouveau stratagème que j'employais pour l'arracher des mains du soldat. Mais je devais feindre; la moindre indiscrétion pouvait me faire soupçonner de trahison, et causer une insurrection qui aurait pu faire tomber la place au pouvoir des assiégeants. Des furieux, à n'en point douter, épiaient mes gestes et interprétaient dans leur sens ce que je pouvais dire. A l'attachement extrême que les soldats portaient encore à un chef qui les avait trompés, la prudence et la politique m'interdisaient le droit d'y opposer ce que la nature inspire de touchant.

» Ceux qui blâment aujourd'hui le silence que j'ai rompu voudraient à tout prix que je l'eusse toujours gardé. Ils ne s'aperçoivent pas que ce n'est pas là un jugement de leur raison, mais une illusion de leur sensibilité; et par là ils rendent hommage, sans y penser, au motif qui m'a fait agir : car ce que je pouvais faire de mieux dans la circonstance, le charme du commandement étant détruit, c'était d'obtenir qu'on laissât aller le colonel Gordon. Mais je ne prévoyais pas qu'en m'efforçant de le soustraire au danger, j'allais amener la catastrophe et me trouver contraint de la tolérer. En effet, M. Miéton revint m'apporter des papiers parmi lesquels se trouvait un certificat attestant la désertion du colonel Gordon. Cet officier supérieur venait de violer les formalités que les lois de la guerre prescrivent d'employer en se présentant devant une place investie. Il avait cherché à s'y introduire furtivement. Se disant chargé d'une mission importante, il n'avait aucune pièce qui lui en donnât le caractère; il venait de se dire Français, et ses papiers donnaient la preuve qu'il était hollandais. Il n'y avait qu'un moment qu'il m'avait assuré qu'il n'était point un traître, et il avait déserté l'armée française le 16 juin, jour d'une affaire... (1)

» Loin de moi, Messieurs, l'indigne pensée de porter atteinte à la mémoire d'un homme qui n'est plus ! Mais au moment où la malheureuse France voyait une seconde fois l'Europe conjurée s'élancer contre elle ; lorsque chacun de nous pleurait la perte récente d'un parent, d'un ami, d'un frère, victimes d'un aveuglement déplorable, il n'était peut-être pas alors de senti-

---

(1) Encore le nom de *déserteur* à un homme qui a donné un si bel exemple !.... Quelle audace, ou quelle étonnante obstination !

ments qui ne dussent céder, dans l'esprit du soldat, à l'horreur d'une trahison suivie de la perte de 40,000 Français (1).

» M. Miéton a constamment dit que quand il revint auprès de moi, je lui répétai qu'il eût à exécuter mes ordres. En se tenant dans l'affirmative à ce sujet, il montre une générosité rare, ou il a été dans une cruelle erreur : de la générosité, s'il ne s'est exprimé de la sorte que dans l'intention de ne rien dire à ma charge ; de l'erreur, s'il suppose que ce qu'il croit avoir entendu se rapportait au récit mensonger d'un soldat. Je le dis encore : je ne me rappèle pas bien la réponse que j'ai pu lui faire dans ce terrible moment ; mais ce qui se retrace à ma mémoire, et tout ce que ma conscience n'a cessé de m'assurer, c'est qu'il n'a jamais été dans ma pensée de faire périr le colonel Gordon, quoiqu'il se fût mis hors de la loi, et que, par l'effet d'une cruelle méprise, il n'était à mes yeux qu'un émissaire dangereux et bien coupable.

» Pour apprécier les motifs qui m'ont fait tolérer cet acte d'autorité arbitraire, il faut avoir égard et se transporter, pour ainsi dire, au temps même où il fut commis.

» La cause est toute entière dans cette fermentation d'esprit qui tenait du désespoir. De-

---

(1) Et à qui la devons-nous donc, cette seconde invasion, si ce n'est à ceux qui ont favorisé le retour du plus féroce ennemi du genre humain, ou qui lui ont ensuite prêté leur appui ? Il vous sied bien de déplorer cette guerre et la mort de tant de Français, quand vous avez si activement concouru à attirer tous ces maux sur votre patrie !....

puis la nouvelle que les troupes étrangères envahissaient la France, mes inquiétudes redoublaient par la désertion qui se manifestait. Le général Authing employait tout pour la favoriser.

» En tolérant la mort du colonel Gordon, je compromettais ma fortune et mon repos : cette mesure pouvait attirer sur moi une disgrâce inévitable. Ce devait être une raison pour m'y déterminer, si dans un si cruel moment on a le temps de la réflexion.

» Je pouvais me tromper en regardant le colonel Gordon comme un émissaire des troupes bloquant Condé ; je pouvais me tromper aussi en l'admettant, sans titre officiel, comme un envoyé, comme un fidèle serviteur du Roi.

» Dans l'un et dans l'autre cas je devais être jugé.

» Dans le second je compromettais le salut d'une place importante ; dans le premier je ne compromettais que moi. J'acceptai le combat que me présentait l'adversité. Je l'ai soutenu sans me plaindre, parce que ma conscience, ce juge infaillible, ne me reproche rien.

» S'il était un émissaire des troupes investissantes, son coupable projet réussissant, il recevait tranquillement le salaire de sa perfidie ; s'il échouait, il ne courait aucun risque. Dans le premier cas, je subissais la peine de mort ; dans le second, j'étais également condamné.

» Dans ces cas imprévus et terribles, l'intérêt de la place doit être le seul guide. Il emporte tout : aussi lui ai-je tout sacrifié. On ne m'accusera pas, j'espère, d'avoir ménagé mes propres intérêts. Un autre peut-être les eût mis dans la balance : il eût pris des tempéraments. Je n'aurai point ce reproche à me faire.

» Si je m'étais souillé du crime qu'on m'impute, que j'eusse outrepassé mon pouvoir, il faudrait me supposer un rare degré d'ineptie pour en avoir parlé publiquement, pour l'avoir publié dans un ordre du jour ; pour en avoir fait, un mois après, au ministre de la guerre, un rapport que l'on pouvait interpréter contre moi(1). Me serais-je imposé des arrêts volontaires pendant deux mois ? Aurais-je été me jeter dans les liens de la justice, lorsque tous les moyens de quitter la France étaient en mon pouvoir ?

» Je demande, Messieurs, à être seul passible d'un événement qui a eu lieu sous mon commandement, et que je n'ai point désap-

---

(1) Cette objection est plus spécieuse que solide ; car, dans l'hypothèse où vous auriez ordonné la mort du colonel, vous ne pouviez ni vous taire sur un événement connu de toute la ville, ni l'attribuer à tout autre, sans vous exposer à un démenti formel. Vous aviez, d'ailleurs, à cette époque, de la peine à vous persuader que le roi remontât sur son trône ; vous partagiez l'illusion de cette poignée de factieux qui le proscrivaient, chaque jour, dans les deux chambres, ou dans leurs insolents écrits ; vous vous flattiez, comme eux, soit de vivre sous les lois de Napoléon II, soit de voir ériger encore une fois la France en république ; et vous étiez bien certain que ni la dynastie de l'usurpateur, ni les républicains ne s'occuperaient de venger la mort d'un homme qui avait servi le souverain légitime.

prouvé, parce que mes pouvoirs n'étaient plus limités par la loi, et que l'intérêt seul de la France devait me guider. Ceux qui connaissent les devoirs impérieux d'un gouverneur de place assiégée apprécieront ma situation, et diront que, dans la circonstance dangereuse où j'étais, je pouvais même aller plus loin.

» Trompé entièrement sur le caractère du colonel Gordon, erreur à laquelle lui-même a donné lieu par son inconcevable imprudence, j'ai cru qu'il avait des intelligences criminelles dans la place. Je ne pouvais lire au fond de son cœur, car le traître emprunte les formes de la loyauté (1). J'ai pensé au contraire que pour rentrer en grâce auprès du gouvernement hollandais, il avait entrepris témérairement de faire tomber au pouvoir du général Authing, cette place à laquelle le roi des Pays-Bas attachait une grande importance, comme étant la clé d'une frontière d'inondation.

» Le moment où il se présentait était très-propre à favoriser une attaque des troupes investissantes : c'était celui où les nouvelles mettaient les esprits dans une contradiction qui approchait du désespoir ; et l'entrée du colonel Gordon eût inévitablement excité une révolte.

» Le général Authing, profitant d'une pareille

---

(1) Si vous convenez qu'*il avait les formes de la loyauté*, vous avez donc eu tort de dire que son embarras, son maintien, vous avaient autorisé à le considérer comme *un traître*, *qui voulait s'introduire furtivement* dans la place ?

circonstance, se fût sans peine rendu maître de Condé, auquel cas le Code militaire me condamnait à la peine capitale. En s'emparant de la place, il aurait pu me dire : « Je n'ai point trahi » le droit des nations ; celui que vous avez pris » pour un parlementaire ne l'était point ; je n'ai » pas même souffert qu'il en prît les signes extérieurs. C'est mon envoyé, mon agent secret. » Vous êtes tombé dans un piége que l'on a tendu » à votre bonne foi et que la guerre autorise ». Un pareil événement me plaçait dans le cas où je suis maintenant.

» Quoi qu'il en soit, il n'en est pas moins vrai que la position où j'étais alors ne peut se comparer à aucune autre. Elle n'a point d'exemple dans les événements militaires ; elle est inouie dans l'histoire des siéges ; elle sort des cas prévus, et a dû me faire tolérer, je le répète, une mesure de rigueur qui sortait de la règle prescrite par les ordonnances.

» Le colonel Gordon, comme Hollandais, n'avait pas répondu à l'appel de son souverain légitime. Restant au service de France, l'honneur lui prescrivait de faire preuve du plus grand dévoûment à S. M. Louis XVIIII. Et si, dans sa pensée, il identifiait le roi avec la France, il ne devait point, par l'effet de son option au fatal événement de mars, adopter une autre cause pour la trahir. Ayant transgressé tous ses serments, il ne m'était donc pas possible, à moins de prescience, de le prendre pour un envoyé du Roi. Non seulement je n'ai pu le considérer comme parlementaire, mais j'étais coupable devant le Code militaire en l'admettant dans la place, qui courait risque d'être enlevée. En faisant connaître, par la voie de l'ordre, le châtiment qu'il s'est attiré, je n'ai point agi au mépris des lois; j'ai cédé à la plus impérieuse de toutes, celle du salut public. Il est aisé de sentir combien j'ai été dominé dans l'acte de tolérance (1) sur la mort de Gordon, par ce sentiment d'exaltation qui devait, dans l'intérêt de la France, me servir de règle. Sentiment effrayant, mais qui, en égarant les esprits, avait pourtant quelque chose de respectable, puisqu'il portait ceux qui en étaient imbus, à faire le sacrifice de leur vie pour le bien public.

» Il fallait donc qu'au préjudice de mon opinion intérieure, et pour le bien général, je prisse une mesure que j'étais loin d'adopter au fond de mon cœur. Je sentais qu'il était impossible de faire autrement sans compromettre la sûreté de la place; mais je n'en étais pas moins retenu par une espèce de répugnance invincible à se rendre l'organe d'un sentiment qui n'est pas le nôtre.

» C'est avec la morale de la guerre que l'on fait la guerre : maxime suivie en tout temps et en tout pays. Quand un général investissant une place ne fait d'autres dispositifs que ceux d'un

(1) Vous appelez cela un acte de *tolérance !* dites donc d'*approbation*, et d'approbation bien formelle. Vous n'auriez fait que *tolérer*, si vous vous étiez seulement abstenu de punir; mais vous avez signalé le crime, comme un *châtiment mérité ;* et aucune considération ne peut obliger un homme d'honneur à qualifier ainsi un ASSASSINAT.

blocus, et que son plan paraît lui être tracé pour s'en emparer par surprise, le gouverneur qui la commande doit redoubler de surveillance, de zèle, et tout employer pour déjouer les desseins de son ennemi. Il est nécessaire qu'il se défie de tout, et qu'il prène en même temps la résolution de périr mille fois, plutôt que de laisser tomber sa place sous le joug odieux de l'étranger.

» Sans doute le dévoûment du colonel Gordon est louable ; son malheur part d'une belle cause. Mais un militaire doit connaître les lois de la guerre, et la prudence lui prescrivait de paraître avec les marques extérieures de sa mission.

» Supposons encore que, voulant rentrer dans les bonnes grâces de son souverain légitime et rendre un service signalé à la Hollande pour expier ses torts envers elle, il eût réussi dans la mission hostile dont il était chargé ; Condé, cette frontière importante, tombait d'un coup de main au pouvoir des troupes hollandaises. Or on sait, lorsqu'une place forte est enlevée par surprise ou d'assaut, quel est le sort qu'un vainqueur peu généreux est en droit de faire éprouver aux habitants comme à la garnison, qu'il peut faire passer au fil de l'épée. Mais, en admettant que le général ennemi respecte le malheur, et sache assez s'estimer pour ne troubler son bonheur par aucun trait de férocité ni d'avarice, que deviendra le commandant, s'il a eu la couardise de survivre à un semblable événement qui peut, dans de certains cas, compromettre le salut d'une armée, faire perdre le fruit d'une campagne et entraîner des maux incalculables à l'Etat? Que deviendra-t-il à son retour des prisons de l'ennemi? Un conseil de guerre l'attend; il est déjà condamné au tribunal de l'opinion publique, et il va payer de sa tête un événement que n'a pu prévoir ou la prudence ou le courage.

» L'histoire des siéges en fournit plusieurs exemples. Or si les lois militaires prescrivent des dispositions si sévères, leur inobservation fait punir de mort le commandant d'une place.

» Si elles attachent une peine si terrible à l'infraction des ordonnances; si elles mettent en péril tant de fois celui qui a le commandement supérieur; si elles le menacent de tant de dangers, toujours dans l'intérêt de l'Etat; la réciprocité est bien naturelle tout à-la-fois et bien juste, puisqu'elle est sollicitée par les mêmes motifs, et qu'elle a à prévenir les mêmes inconvénients. Comment supporter en effet l'idée qu'un gouverneur serait traduit devant un conseil de guerre et jugé sur un événement militaire, pour avoir, dans des circonstances extraordinaires, agi dans l'intérêt public comme dans le sens de nos lois qui l'eussent puni de la peine capitale s'il s'en fût écarté, attendu que la place serait tombée au pouvoir de l'étranger? Une pareille interprétation serait aussi fausse qu'injurieuse à la sagesse du législateur. Mais si on ne s'était pas occupé de cette réciprocité essentielle, la justice du gouvernement le prendrait sous sa protection. Elle ne placerait pas sur le banc des prévenus celui de qui on aurait exigé et obtenu tant de sacrifices, surtout après avoir reconnu son innocence morale; elle ne poursuivrait pas comme criminel celui qui, après avoir tout fait pour sauver un étranger qui lui paraissait un grand coupable, n'a cédé malgré lui à l'effervescence, au préjugé des troupes, et sans oser laisser entrevoir tout ce qu'il lui en coûtait, que pour ne point augmenter les malheurs de la France en proie à tous les fléaux.

» Ah! par quelle fatalité faut-il, en exprimant tout ce que mon âme éprouve, que je fasse sentir à mes juges la position où Sa Majesté dans sa sagesse a jugé convenable de me placer pour faire triompher la justice, punir plus sévèrement encore, ou rendre à la liberté celui que vous jugez maintenant! J'ai lieu de croire que l'on n'est pas encore bien fixé sur le véritable motif qui m'a déterminé d'accepter le commandement d'une place, peu de temps après avoir combattu et désapprouvé tout ce qui se passait alors. Employé aux armées sous tous les gouvernements tumultueux et irréguliers qui se sont succédé rapidement pendant vingt-cinq ans, mon opinion sincère et franche n'a jamais varié. Mes vœux ont été sans cesse pour la France. Voilà le sentiment qui m'a porté à faire une entière abnégation de moi-même toutes les fois qu'il s'est agi des intérêts de mon pays. La doctrine, sous le masque de popularité et dans une sorte d'attitude libérale, que ces gouvernements ont employée tour à tour, a pu en imposer à ma bonne foi : mais elle ne m'a jamais séduit ni altéré mes principes.

» Avant l'époque de la mort du colonel Gordon, j'étais délié de mes serments. Mes combinaisons pour la sûreté de la place ne se dirigeaient donc plus vers celui qui venait de tromper la France et qui s'était abattu de lui-même. Quel était mon unique but dans l'extrême embarras où j'étais? C'était celui de conserver la place ou de m'ensevelir sous ses ruines, plutôt que de la laisser tomber au pouvoir de l'étranger.

» En la conservant à la France, n'était-ce pas la défendre pour son roi légitime (1)?

» Cette détermination prise, j'ai envoyé, à la première nouvelle certaine, des commissaires chargés de porter aux pieds du trône l'expression de la soumission respectueuse et de la parfaite obéissance des habitants et de la garnison. Leur hommage n'a été retardé que par le général commandant l'investissement, qui a renvoyé les députés à Condé en exigeant des conditions que je n'ai point accordées, parce qu'elles étaient incompatibles avec l'honneur et qu'elles démasquaient les vues secrètes du général hollandais. Ces députés partirent pour la seconde fois le 20 juillet. Ils avaient pour instructions particulières de ne point hâter leur retour, dans le cas où les arrangements généraux ne seraient point terminés entre S. M. Louis XVIII et les puis-

---

(1) Oui, parce que c'est le roi qui a triomphé; mais si Napoléon II, ou les républicains de 1793 l'avaient emporté, vous vous seriez fait un mérite, auprès d'eux, de ce que vous invoquez aujourd'hui comme un titre à la bienveillance des Bourbons. Et cela est si vrai, que vous aviez répondu à la sommation du général Authing que vous vouliez conserver la place pour le gouvernement *qui régnait alors*, ou *qui devait régner*.

sances alliées (1). Mais tandis que la lenteur que j'apportais pour arborer le drapeau blanc excitait de vives plaintes de la part de plusieurs habitants, d'autres et toute la garnison faisaient entendre des vœux pour que les couleurs tricolores flottassent plus long-temps encore sur les remparts. Entre ces inspirations contraires, l'intérêt du Roi occupait toute ma pensée. Tant que j'ai senti que les trois couleurs étaient le drapeau protecteur de la place, rien n'a pu précipiter ma marche, et rien ensuite ne l'a ralentie, quand mon devoir m'a commandé de le remplacer par la couleur de Henri IV. J'étais également sourd aux menaces réitérées du général hollandais qui, à l'entendre, allait bombarder la ville d'un jour à l'autre, et faire passer au fil de l'épée toute la garnison.

» Quand ce général me demandait la place au nom de son souverain pour S. M. Louis XVIII, d'autres généraux de puissances étrangères continuaient le siége des places qui avaient arboré le drapeau blanc. Mon devoir enfin était de temporiser; je l'ai fait et j'ai conservé la place, qui ne serait plus à S. M. Louis XVIII, si les Hollandais y fussent entrés. Je prévoyais bien encore que cette conduite m'attirerait une disgrâce complète. Mais je me sentais le courage

---

(1) Vous ne vouliez donc vous soumettre au roi que lorsque ces arrangements seraient arrêtés ? Depuis quand un sujet se croit-il autorisé à mettre des conditions à son obéissance ? M. Chauveau-Lagarde avait bien fait entendre, dans son Mémoire, que vous aviez eu cette criminelle pensée; mais je n'aurais pas cru que vous osassiez l'avouer.

de devenir victime en toute manière de mon dévoûment; et dans ce sentiment que je ne perdrai qu'avec la vie, je devais tout braver pour les intérêts du roi et de mon pays.

» Voilà, Messieurs, les détails que j'ai cru devoir vous faire moi-même de ma conduite. Ils vous expliquent les choses en même temps qu'ils vous en donnent l'esprit. J'ai cherché à vous montrer par là le bien que j'essuye dans mon cœur. Maintenant que vous y avez lu, vous pouvez porter votre jugement. Loin d'en redouter la sévérité, si vous croyez que le reste d'une existence qui aurait dû être anéantie dans les combats, soit nécessaire aux intérêts du Roi, disposez-en, je vous en conjure; je mourrai sans regrets, puisque mes derniers moments auront été utiles à la France. Mais si, après avoir scruté mes principes, vous reconnaissez dans votre âme et conscience que les sentiments qui m'ont toujours animé sont irréprochables, vous n'écouterez que la voix de la justice.

M. de Maccarty. — « Il n'est ni dans mon intention ni dans mon cœur d'affaiblir aucun des moyens de justification invoqués par le général : que ne puis-je leur donner plus de force encore ! Je ne prends la parole que pour réfuter un principe qu'il a proclamé. Il a dit qu'on devait obéir au gouvernement établi. C'est ce principe qui a ramené Bonaparte en France : c'est lui qui nous replacerait sous la hache des bourreaux ou sous le couteau de la guillotine, si un nouvel usurpateur s'emparait du pouvoir. *Qui sert mal le Roi, sert mal la patrie.* Tel est le principe dont nous nous faisons gloire ; voilà le seul qu'un bon Français puisse admettre. Si en 1815 la majorité de l'armée l'eût suivi, Bonaparte n'aurait pas réussi dans sa détestable entreprise ; la France serait intacte, nos provinces ne seraient point désolées, nos concitoyens n'auraient point un milliard à payer à l'étranger. Je n'accuse point ceux qui, emportés par le torrent, ont cru servir leur patrie en servant l'usurpateur. Je ne combats que le principe. Les actions passent, les principes restent (1) ».

Le général Bonnaire. — C'est vrai.

---

(1) S'il était vrai que ce fût *un devoir d'obéir au gouvernement établi*, il faudrait donc considérer comme coupables ceux qui refusèrent de se soumettre à l'usurpateur ? il faudrait donc signaler, au mépris public, tous ceux qui suivirent le roi dans son exil., et tous ceux qui s'armèrent pour sa défense, et tous ceux qui aimèrent mieux se condamner à tous les genres de privations, que de conserver les places qu'ils occupaient dans l'armée, dans l'ordre judiciaire, ou dans l'administration ; et ces hommes de lettres, qui bravèrent tous les dangers en manifestant hautement leurs sentiments et leurs principes ; et ces imprimeurs, non-moins courageux, MM. *Le Normant*, *Patris*, *Dentu*, dont les presses ne furent employées qu'à répandre les écrits favorables à la cause légitime ; et enfin, cette immense majorité des Français, qui ne voulut point reconnaître l'usurpation, en acceptant les fameux *articles additionels ?....*

Ah ! jouissez paisiblement, si vous le pouvez, de vos immenses fortunes, vous qui les avez amassées en servant toutes les factions sous le joug desquelles nous avons si long-temps gémi ; mais ne nous disputez pas du moins les titres que nous avons à l'estime publique et à l'approbation de la postérité.

M. le président annonce la clôture des débats, et le conseil se retire pour délibérer. Il est huit heures et demie.

Après douze heures de délibération, le dimanche 9 juin, à huit heures et demie du matin, M. le président prononce le jugement suivant :

JUGEMENT.

LOUIS, PAR LA GRACE DE DIEU, ROI DE FRANCE ET DE NAVARRE, à tous présents et à venir, salut.

Le premier conseil de guerre permanent de la première division militaire a rendu le jugement suivant :

De par le Roi, cejourd'hui 5 du mois de juin l'an 1816;

Le premier conseil de guerre permanent de la première division militaire, créé par la loi du 13 brumaire an 5, prorogé par l'arrêté du gouvernement du 23 messidor an 10, et composé, conformément à ladite loi et à l'article 10 de la loi du 4 fructidor an 5, de :

MM. le duc de Maillé, maréchal-de-camp, pair de France, premier gentilhomme de la chambre de S. A. R. MONSIEUR, chevalier de l'ordre royal et militaire de Saint-Louis;

Le comte de la Ferronaie, maréchal-de-camp, pair de France, premier gentilhomme de la chambre de S. A. R. monseigneur le duc de Berry, chevalier de l'ordre royal et militaire de Saint-Louis, officier de la Légion d'Honneur;

Le comte de Maccarty, maréchal-de-camp, aide-de-camp de monseigneur le prince de Condé, chevalier de l'ordre royal et militaire de Saint-Louis, et de celui de Saint-Maurice et de Saint-Lazarre de Savoie;

Le marquis de Maleissye, colonel de la légion départementale de l'Indre, chevalier de Saint-Louis;

Le vicomte de Pons, chef d'escadron d'état-major de la division;

Le comte Louis de Vergennes, capitaine d'état-major de la division, chevalier de la Légion d'honneur;

Le marquis de Gouy, capitaine d'état-major de la place de Paris, chevalier de la Légion d'honneur;

M. de Melon, chef de bataillon d'état-major de la première division militaire, chevalier de la Légion d'honneur, faisant les fonctions de rapporteur; et M. Fleury de Villiers, capitaine à la Légion départementale de l'Indre, chevalier de la Légion d'honneur, faisant celles de procureur du Roi.

Tous nommés par M. le lieutenant-général comte d'Espinois, commandant la première division militaire;

Lesquels, aux termes des articles 7 et 8 de la loi du 13 brumaire, ne sont parents ou alliés, ni entre eux ni des prévenus aux degrés prohibés.

Le conseil convoqué par l'ordre du commandant, s'est réuni dans le lieu ordinaire de ses séances, hôtel des conseils de guerre, rue du Cherche-Midi, à Paris,

A l'effet de juger, en vertu de la lettre de son excellence le ministre secrétaire d'état au département de la guerre, relatée dans celle de M. le lieutenant-général commandant la première division, en date du 8 mars dernier;

M. Jean-Gérard Bonnaire, âgé de quarante-cinq ans, né à Provais, département de l'Aisne, militaire depuis vingt-cinq ans, fils de feu Jean et de feue Marie-Anne Chevin; maréchal-de-camp, ex-commandant de la place de Condé, sans domicile fixe, chevalier de Saint-Louis, officier de la Légion d'honneur;

De la taille d'un mètre soixante-huit centimètres, cheveux et sourcils noirs, front large, yeux bleus, nez gros, bouche moyenne, menton rond, visage plein, ovale, et une légère marque de petite vérole, blessé à la jambe gauche.

Antoine Miéton, âgé de trente-trois ans, né à Lyon, département du Rhône, y domicilié, fils de Pierre et de Marie-Louise Cordon, lieutenant et aide-de-camp de M. le maréchal-de-camp Bonnaire;

De la taille d'un mètre soixante centimètres, cheveux et sourcils noirs, front couvert, yeux bruns, nez long, visage ovale et marqué de petite vérole.

Accusés d'être auteurs, fauteurs ou complices du meurtre du colonel Gordon; crime qui aurait été commis en violation du droit des gens, et sans aucun égard pour le caractère sacré de parlementaire dont ce colonel était revêtu.

La séance ayant été ouverte, M. le président a fait apporter par le greffier, et déposer devant lui, sur le bureau, un exemplaire de la loi du 13 brumaire an 5, ainsi que celle du 4 fructidor de la même année, et a demandé ensuite au rapporteur la lecture du procès-verbal d'information, et de toutes les pièces tant à charge qu'à décharge, envers les accusés, au nombre de...

Sur l'observation de M. le rapporteur, que deux nouveaux témoins ne lui ayant été indiqués que depuis la clôture de l'information, il n'a pu les entendre, et sur la demande de M. le procureur du roi, M. le président, en vertu du pouvoir discrétionnaire que la loi lui accorde, a ordonné que ces deux témoins seraient requis de comparaître devant le conseil pour y être entendus dans leurs déclarations.

Le conseil, attendu le besoin de repos, et s'autorisant de la letttre du ministre de la guerre du 8 avril mil huit cent quinze, interprétative du mot *désemparer*, a suspendu sa séance à huit heures du soir, et M. le président en a indiqué la reprise à demain neuf heures du matin.

Cejourd'hui, six du susdit mois, an que dessus, la séance a été reprise à onze heures du matin.

Sur l'invitation de M. le président, la lecture des pièces a été continuée.

Cette lecture terminée, M. le président a ordonné à la garde d'amener les accusés, lesquels ont été successivement introduits, libres et sans fers, devant le conseil, accompagnés de leurs défenseurs officieux.

M. le maréchal-de-camp Bonnaire introduit, et interrogé de ses nom, prénoms, âge, lieu de naissance, grade, titres et domicile,

A répondu : « Je me nomme Jean-Gérard Bonnaire; je suis âgé de quarante-cinq ans, né à Provais, département de l'Aisne, maréchal-de-camp, ex-commandant de la place de Condé, chevalier de Saint-Louis, officier de la Légion-d'Honneur, domicilié à Provais. »

M. le président a donné ensuite connaissance à l'accusé susnommé des faits à sa charge, et lui a fait prêter interrogatoire ; messieurs les juges lui ont adressé diverses questions.

Cet interrogatoire terminé, et M. le maréchal-de-camp Bonnaire retiré, le sieur Miéton a été introduit, libre et sans fers, devant le conseil.

Interrogé de ses nom et prénoms, âge, lieu de naissance, profession et domicile,

A répondu : Je me nomme Antoine Miéton ; je suis âgé de trente-trois ans, né à Lyon, département du Rhône, y domicilié, ex-lieutenant, aide-de-camp de M. le maréchal-de-camp Bonnaire.

Après quoi il lui a été donné connaissance des faits à sa charge, et il a été interrogé tant par M. le président que par MM. les membres du conseil.

M. le maréchal-de-camp Bonnaire introduit de nouveau, le conseil a procédé à l'audition des témoins à charge.

Vu le besoin de repos, la séance a été suspendue à cinq heures du soir et reprise à six heures et demie; l'audition des témoins à charge a été continuée.

La déclaration orale du sieur Lebègue, dix-neuvième témoin, ayant paru contradictoire à celle écrite, par lui faite et signée devant M. le juge d'instruction de l'arrondissement de Beauvais, le 13 avril dernier, M. le rapporteur a demandé au conseil que la conduite de ce témoin soit examinée, à l'effet de savoir s'il ne s'est pas mis dans le cas prévu par l'article 361 du Code pénal de 1810, relatif aux faux témoins.

M. le procureur du Roi, entendu dans son réquisitoire, tendant à ce qu'il plaise au conseil de faire droit à la demande de M. le rapporteur, MM. les juges se sont retirés pour en délibérer.

Le conseil, délibérant à huis-clos, en présence seulement de M. le procureur du Roi, sur la question de savoir si le témoin Lebègue devait continuer à être présent aux débats, s'est décidé, à l'unanimité, pour la négative; et considérant que cette question comprenait implicitement celle relative à la valeur du témoignage de Lebègue;

De suite, faisant droit au réquisitoire de M. le procureur du Roi, et délibérant dans la forme voulue par la loi, a déclaré, à l'unanimité,

1° Que le témoin Lebègue ne pouvait être mis en accusation pour cause de faux témoignage; mais que, vu la différence existante entre son témoignage écrit et son témoignage oral, sa déposition ne serait considérée que comme simple renseignement;

2° Que le témoin Lebègue sera sur-le-champ mis en liberté, mais ne pourra assister à aucun débat, ni communiquer avec aucun des témoins entendus ou à entendre dans la présente affaire;

Et charge M. le rapporteur de l'exécution de la présente décision, dont la minute sera annexée au présent.

Le conseil étant rentré en séance, M. le président a donné lecture de cette décision, et a déclaré que les débats allaient être continués.

Tous les témoins à charge, ainsi que ceux requis par M. le président, en vertu du pouvoir discrétionnaire que la loi lui accorde, ayant été séparément entendus et confrontés aux accusés; les pièces écrites produites à conviction leur ayant été représentées, la séance a été suspendue à dix heures et demie du soir, et la continuation remise à demain dix heures du matin.

Cejourd'hui 7 du même mois et an que dessus, la séance a été reprise à onze heures du matin.

Les témoins à décharge désignés par M. le maréchal-de-camp Bonnaire ayant été séparément et publiquement entendus, ainsi qu'un témoin requis par M. le président, en vertu du pouvoir discrétionnaire que la loi lui accorde; la séance, pour les mêmes motifs que dessus, a été suspendue à deux heures et demie de relevée, et a été reprise à quatre heures.

Sur la demande de MM. les défenseurs, et dont ils ont donné acte qui sera annexé au présent jugement, ladite demande motivée sur l'impossibilité physique dans laquelle se trouve M. Chauveau-Lagarde, vu son état de souffrance, de porter la parole immédiatement après M. le rapporteur, le conseil a suspendu de nouveau sa séance à cinq heures trois quarts du soir, et la continuation en a été reprise à onze heures du matin.

Cejourd'hui, 8 du même mois et an que dessus, la séance a été reprise à onze heures du matin.

Sur la demande du défenseur de l'accusé Miéton, diverses interpellations ont été faites à quelques-uns des témoins à charge; ensuite de quoi M. le président a invité le rapporteur à faire son rapport et à donner ses conclusions.

Ce rapport terminé, la parole a été successivement accordée aux défenseurs des accusés.

Après les plaidoiries des défenseurs de M. le maréchal-de-camp Bonnaire, un nouveau témoin requis par M. le président en vertu du pouvoir discrétionnaire, a été entendu.

La séance, suspendue à trois heures un quart, a été reprise à cinq heures du soir.

Le conseil, ouï M. le rapporteur dans son rapport et ses conclusions, et les accusés dans leurs moyens de défense, tant par eux que par leurs défenseurs, lesquels ont déclaré, les uns et les autres, n'avoir rien à ajouter à leurs moyens de défense, M. le président a demandé aux membres du conseil s'ils avaient des observations à faire. Sur leur réponse négative, et avant d'aller aux opinions, il a ordonné aux défenseurs et aux accusés de se retirer.

Les accusés ont été reconduits par l'escorte à la prison ; le rapporteur, le greffier et les personnes assistant dans l'auditoire se sont retirés, sur l'invitation du président.

Le conseil, délibérant à huis-clos, seulement en présence de M. le procureur du roi, M. le président a posé les questions ainsi qu'il suit :

Le maréchal-de-camp Jean-Gérard Bonnaire, ci-dessus plus amplement qualifié, accusé 1° d'avoir ordonné le meurtre du colonel Gordon, est-il coupable ?

2° D'avoir ordonné le meurtre du colonel Gordon avec préméditation, est-il coupable ?

3° D'avoir participé au meurtre du colonel Gordon, que son devoir l'obligeait de réprimer, est-il coupable ?

4° De n'avoir pas réprimé le meurtre du colonel Gordon, ainsi que son devoir l'y obligeait, est-il coupable ?

5° D'avoir violé le droit des gens dans la personne du colonel Gordon, parlementaire de sa Majesté le roi de France, en méconnaissant ce caractère sacré de parlementaire, et souffrant impunément qu'on insultât en sa présence celui qui en était revêtu, est-il coupable ?

Les voix recueillies sur ces questions, en commençant par le grade inférieur et par le moins ancien dans chaque grade, M. le président ayant émis son opinion le dernier,

Le premier conseil de guerre permanent déclare :

1° A l'unanimité, le maréchal-de-camp Jean-Gérard Bonnaire non coupable d'avoir ordonné le meurtre du colonel Gordon ;

2° A l'unanimité, le maréchal-de-camp Bonnaire non coupable d'avoir ordonné le meurtre du colonel Gordon avec préméditation ;

3° A la majorité suffisante de trois voix contre quatre, le maréchal-de-camp Bonnaire non coupable d'avoir participé au meurtre du colonel Gordon, que son devoir l'obligeait de réprimer ;

4° A l'unanimité, le maréchal-de-camp Bonnaire coupable de n'avoir pas réprimé le meurtre du colonel Gordon, ainsi que son devoir l'y obligeait ;

5° A l'unanimité, le maréchal-de-camp Bonnaire coupable d'avoir violé le droit des gens dans la personne du colonel Gordon, parlementaire de sa Majesté le roi de France, en méconnaissant ce caractère sacré, et souffrant impunément qu'on l'insultât en sa présence.

Le conseil, délibérant également à huis-clos, en présence seulement de M. le procureur du Roi, M. le président a posé les questions suivantes :

Le sieur Antoine Miéton, ci-dessus qualifié, accusé 1° d'avoir exercé des violences et voies de fait envers le colonel Gordon, en lui arrachant sa cocarde et ses décorations, est-il coupable ?

2° D'avoir ordonné le meurtre du colonel Gordon de sa propre autorité, est-il coupable ?

Les voix recueillies sur ces questions dans la forme voulue par la loi, et ci-dessus indiquée,

Le premier conseil de guerre permanent déclare :

1° A l'unanimité, le sieur Antoine Miéton coupable d'avoir exercé des violences et voies de fait envers le colonel Gordon, en lui arrachant sa cocarde et ses décorations ;

2° A l'unanimité, ledit Miéton coupable d'avoir ordonné le meurtre du colonel Gordon de sa propre autorité ;

3° A la majorité de six voix sur sept, ledit Miéton coupable d'avoir ordonné de sa propre autorité le meurtre du colonel Gordon avec préméditation.

Sur quoi M. le procureur du Roi a fait son réquisitoire pour l'application de la peine.

Les voix recueillies de nouveau dans la forme indiquée ci-dessus.

Le premier conseil de guerre permanent, faisant droit audit réquisitoire, à l'égard du maréchal-de-camp Jean-Gérard Bonnaire, attendu que le crime dont il s'est rendu coupable n'est prévu par aucune des lois pénales existantes, soit militaires, soit civiles;

Usant du droit qui lui est accordé par les articles 8 et 10 du décret du premier mai 1812, ainsi que par les dispositions de l'avis interprétatif du conseil d'Etat en date du 14 août 1812, converti en décret le 22 septembre suivant, et dont il a été fait lecture, et considérant que ledit maréchal-de-camp a commis l'acte de violation le plus inoui du droit des gens, en méconnaissant, dans le colonel Gordon, le caractère sacré de parlementaire de sa Majesté le roi de France, crime que toutes les nations anciennes ont puni de la mort, même de populations entières, et en laissant impuni le meurtre commis sur sa personne, au mépris des devoirs les plus sacrés de sa place, condamne à l'unanimité le maréchal-de-camp Jean-Gérard Bonnaire à la peine de la déportation hors du territoire continental du royaume.

Ladite peine prononcée en vertu de l'art. 17 du livre 1er, chapitre 1er du Code pénal de 1810, dont lecture a été faite, suppliant sa Majesté, vu le rang élevé que le condamné a occupé dans les armées françaises, de commuer la peine prononcée contre lui en celle de la prison dans une forteresse.

Le conseil, faisant également droit au réquisitoire de M. le procureur du Roi, condamne, à la majorité de six voix (un membre ayant voté pour les travaux forcés à perpétuité), le nommé Antoine Miéton, ex-lieutenant, aide-de-camp, en réparation du crime d'assassinat, dont il demeure convaincu, à la PEINE DE MORT.

Ladite peine, prononcée en conformité de l'article 18, titre 1er, section 3 du Code pénal militaire du 12 mai 1793; 22 du titre 8 du Code pénal militaire du 21 brumaire an 5; des articles 195, 295, 297 et 302 du livre 3, titre 2, chapitre 1er du Code pénal de 1810, et 10 du décret du 1er mai 1812, dont il est donné lecture.

conseil, faisant droit au réquisitoire de M. le rapporteur, ordonne que, dans le cas de non pourvoi en révision de la part du condamné Bonnaire aussitôt après l'expiration du délai fixé par la loi, ou dans le cas de pourvoi aussitôt après le renvoi de la procédure et du jugement de confirmation, M. le président, sur le réquisitoire du rapporteur, et immédiatement après la lecture faite audit condamné du jugement de condamnation et de confirmation, prononcera la formule déterminée par l'article 6 de l'arrêté du 24 ventose an 12, dont il est fait lecture.

En exécution des articles 1 et 2 de la loi du 18 germinal an 7, le conseil condamne en outre les nommés Bonnaire et Miéton à payer solidairement et sur leurs biens présents et à venir, les frais auxquels la procédure a donné lieu; et ce, d'après l'état exécutoire qui en sera dressé à la suite du présent.

Enjoint à M. le rapporteur de lire de suite le présent jugement aux condamnés en présence de la garde assemblée sous les armes; de les avertir que la loi leur accorde vingt-quatre heures pour se pourvoir en révision; et au surplus, de faire exécuter ledit jugement dans tout son contenu.

Ordonne en outre qu'il sera envoyé, dans les délais prescrits par l'article 39 de la loi du 13 brumaire an 5, à la diligence de MM. les président et rapporteur, une expédition tant à S. Exc. le ministre de la guerre qu'à M. le lieutenant-général commandant la division.

Fait clos et jugé sans désemparer, en séance publique, à Paris, le 9 du susdit mois de juin, an que dessus, à huit heures du matin; et les membres du conseil ont signé, avec le rapporteur et le greffier, la minute du présent jugement.

A neuf heures et demie, M. le rapporteur et M. le greffier se sont transportés à la prison de l'Abbaye pour donner aux condamnés lecture du jugement. Ceux-ci ont été amenés au greffe, devant la garde assemblée.

Le général, impatient d'apprendre son sort, a dit au greffier : *Passez donc, vous en aurez pour un quart-d'heure*. Quand il a entendu l'article qui le condamne comme ayant méconnu l'autorité du parlementaire : *J'en étais incapable*, a-t-il dit. — Et après la lecture du jugement, il a ajouté d'une voix sensiblement altérée, et presque les larmes aux yeux : « J'avais prié hier le conseil, s'il croyait que le peu de vie qui me reste fût utile à mon pays, d'en disposer; je supplie aujourd'hui, et c'est la seule faveur que je demande, qu'on me donne la mort plutôt que de me condamner à la dégradation. Je n'ai pas le moindre reproche à me faire...., pas le moindre; et dans l'histoire des révolutions il n'y a pas un jugement plus inique que celui prononcé contre moi.

M. le rapporteur s'est borné à répondre que ce jugement avait été rendu par des hommes d'honneur, après quatre jours des débats les plus scrupuleux, et à la suite d'une délibération de plus de douze heures.

Le lieutenant Miéton a entendu la lecture dans le plus morne silence, qu'il n'a interrompu que pour dire : « Je jure, *sur l'honneur*, que le général n'a rien à se reprocher ».

Dès le lendemain, les deux condamnés se sont pourvus en révision. Nous allons faire connaître à nos lecteurs les moyens proposés pour le général Bonnaire, dans une consultation délibérée par MM. *Chauveau-Lagarde*, *Fournel*, *d'Yvrande-d'Herville*, *Gairal*, *Lebon* et *Billecocq*.

Premier moyen. On le tire de ce que le jugement non seulement n'est pas conforme à nos lois, mais leur est si contraire, qu'il en viole tout à la fois et l'*esprit évident* et le texte littéral.

Pour justifier cette proposition, on observe que le jugement, après *avoir acquitté* le général de l'accusation intentée contre lui d'avoir *ordonné* un meurtre ou d'y avoir *participé*, et de l'avoir fait avec *préméditation*, le condamne cependant à *une peine de même nature que celle qu'il aurait subie*, s'il eût été coupable : puisque, dans ce cas, il eût mérité la peine de mort, et que la loi, comme le sentiment de l'honneur, met *à côté du dernier supplice*, et en première ligne, la déportation et la dégradation *dans la même classe des peines afflictives et infamantes*.

Or, dit-on, il n'existe ni parmi nous ni chez aucun peuple policé, de législation criminelle qui puisse tolérer une telle contradiction.

En second lieu, ajoutent les conseils, le motif de la condamnation est encore plus contraire à la loi que la condamnation elle-même, en ce qu'elle est fondée sur des faits qui n'étaient point compris dans l'accusation, puisque le général était accusé non pas de n'avoir point réprimé le meurtre, mais de l'avoir ordonné ou d'y avoir coopéré avec préméditation; non pas d'avoir *méconnu le caractère de la personne homicidée*, mais d'avoir *ordonné* son homicide, ou d'y *avoir participé au mépris de son caractère*.

Il a donc été condamné pour des faits autres que ceux de l'accusation : et les lois pénales militaires, ainsi que le Code d'instruction criminelle, veulent qu'un accusé ne puisse être jugé que sur les *seuls faits résultants de l'acte d'accusation*.

Le second moyen résulte de ce que la condamnation a été prononcée (ainsi que le jugement lui-même), SUR DES FAITS NON PRÉVUS *par aucune des lois pénales existantes, soit militaires, soit civiles;* et de ce que cette condamnation ayant été motivée *sur un décret impérial de Bonaparte, du 1er mai 1812, et un avis de son conseil d'Etat;* les juges ont violé non seulement les lois pénales, civiles et militaires, mais le texte précis et littéral de la charte, puisque ces lois et la charte consacrent à la fois ce grand principe de notre liberté *individuelle :* qu'il ne doit y avoir AUCUN ARBITRAIRE dans l'application des peines, et *surtout pour les* CAS NON PRÉVUS PAR LES LOIS.

On cite à ce sujet les articles 2 et 3 du Code pénal civil du 12 février 1810, les dispositions des lois des 13 et 21 brumaire an 5, dont se compose le Code pénal militaire, enfin l'art. 4 de la charte; et l'on se résume en ces termes :

« 1° Le jugement a violé le Code pénal civil qui fait notre droit commun de la France en matière criminelle : car ce Code pénal, en posant pour principe général et sans exception, que *la loi seule détermine les délits* et leur *applique les peines*, a implicitement et nécessairement défendu aux juges, soit de caractériser, soit de punir arbitrairement les actions par elle non prévues;

» 2° Il a violé surtout le *texte précis de la lettre même du Code pénal militaire*, c'est-à-dire le Code qui sert de règle principale à tous les jugements des conseils de guerre : puisque ce Code pénal militaire, non content de poser à sa jurisprudence criminelle cette base fondamentale; *qu'aucun arbitraire ne doit avoir lieu dans les jugements et la condamnation* prononcés par les conseils de guerre sur les cas non prévus, renvoie ensuite, pour la punition de *ces délits non prévus, soit aux lois antérieures*, s'il en existe, soit au législateur, s'il n'en existe pas, pour en faire à l'avenir.

» 3° Enfin il viole textuellement l'une des plus importantes dispositions de la charte constitutionnelle : car du moment que la charte dispose comme l'une des premières règles du droit civil des Français, et pour assurer la garantie de notre liberté individuelle, que nul Français ne peut être *ni poursuivi ni arrêté*, ni par conséquent, et à plus forte raison, *condamné que* DANS LES CAS PRÉVUS PAR LES LOIS, il est bien incontestable qu'elle défend, par une conséquence nécessaire, de poursuivre qui que ce soit, de l'arrêter et de le condamner *dans les cas non prévus*.

» Il est vrai que le jugement s'appuie sur le décret impérial et sur l'*avis du conseil d'Etat de* 1812.

» Mais nous pensons que la force de ce décret et de cet avis s'est anéantie devant la charte constitutionnelle, qui contient des dispositions contraires, et qui devait prévaloir sur un décret de circonstance ».

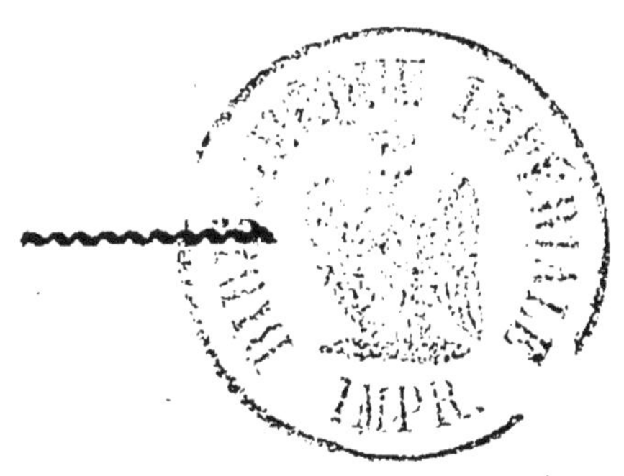

SÉANCES
DU CONSEIL DE RÉVISION.

Première séance.

Le conseil de révision s'est assemblé le 27 juin, à midi. Après la lecture des pièces, qui a duré jusqu'à cinq heures, M. Chauveau-Lagarde a fait la déclaration suivante :

« MESSIEURS,

« Comme défenseur du général Bonnaire, je suis chargé par lui de demander au conseil la permission de lui renouveler publiquement la déclaration qu'il a eu l'honneur de lui envoyer ce matin ; que, plein d'une confiance respectueuse dans la justice et la clémence du Roi, il tient à l'engagement qu'il a contracté dans la demande en grâce qu'il a eu l'honneur de présenter à S. M., de ne point plaider devant vous sur son pourvoi en révision contre le jugement qui le condamne ; qu'en conséquence, il fait à l'obligation sacrée pour lui de ne pas manquer à sa parole, le sacrifice de sa défense, et qu'il se contente de prier le conseil de vouloir bien, avant de statuer sur son pourvoi, méditer avec son attention ordinaire, et la consultation que les jurisconsultes qui l'ont signée, ont délibérée en sa faveur, et la note qu'il m'a prié d'y ajouter dans la lettre que j'ai eu l'honneur d'écrire ce matin au conseil; observant que c'est ainsi qu'il attendra avec sécurité, et le jugement que vous avez à rendre, et la détermination que S. M. jugera convenable de prendre dans sa bonté.

M. Bexon a dit qu'il avait déposé aux pieds du Roi la même demande pour son client; qu'il se proposait néanmoins de donner quelques développements à sa défense, et qu'il essayerait de le faire, bien qu'il sentît son désavantage à parler seul dans cette cause.

Deuxième séance.

M. Chauveau-Lagarde ayant reçu le *matin l'avis officiel* que le général Bonnaire n'était pas lié par la parole qu'il avait donnée de ne point se défendre, et qu'il aurait tort de ne pas user de tous ses moyens, a pris la parole : et voici en substance sa plaidoirie improvisée.

Il a, dans son exorde, fait sentir l'épouvantable danger de l'*arbitraire* dans les jugements, et surtout dans les jugements criminels qui disposaient non-seulement de la fortune, mais encore de l'honneur et de la vie même des citoyens.

Il a ajouté qu'heureusement nos lois pénales civiles et militaires, ainsi que la Charte constitutionelle, avaient pris soin de l'écarter, comme le plus grand fléau de nos libertés.

Et, après avoir annoncé que c'était au nom de toutes ces lois sacrées, qu'il allait démontrer la nullité du jugement qui condamnait le général, il est tout-à-coup entré en matière.

D'après la loi sur la révision des conseils de guerre, a-t-il dit, il y a lieu à *l'annullation* des jugements, toutes les fois que le jugement *n'est pas conforme aux lois dans l'application de la peine :* soit que la peine soit plus *forte,* soit qu'elle soit *moindre,* soit qu'elle *soit autre* que celle prononcée par la loi ; soit à plus forte raison, quand, n'étant déterminée par aucune de nos lois existantes, elle est nécessairement *une peine arbitraire.*

Or, dans le fait, a dit le défenseur, *l'application* de la peine infligée au général Bonnaire, non-seulement *n'est pas conforme aux lois* en vertu desquelles il a été condamné, soit au code *pénal civil* qui fait le *droit commun* de la France, soit au code pénal militaire, qui fait la *règle spéciale* des conseils de guerre, soit *à la Charte constitutionnelle elle-même,* qui est *la loi fondamentale* de toutes les autres, l'ancre de notre salut après nos tempêtes révolutionnaires, l'arche sainte que nous ne devons aborder qu'en tremblant, pour ne pas la renverser, et la sauve-garde de toutes nos libertés, désormais inséparables de la souveraineté de nos rois; mais il est si expressément contraire à toutes ces lois, qu'il en viole à-la-fois et *l'esprit évident,* et *le texte littéral.*

Ici l'orateur a *développé* les trois moyens de nullité qu'il avait présentés dans la consultation.

1°. Il a dit que ni la raison ni la loi ne pouvaient tolérer cette contradiction, jusqu'aprésent inouie dans les annales judiciaires, d'un jugement qui, après avoir *acquitté le prévenu de l'accusation intentée contre lui,* le condamne cependant à la même peine qu'il aurait encourue s'il avait été *déclaré coupable ;* il a établi que, dans le fait, et l'honneur et la loi mettaient la peine de la déportation et de la dégradation, dans la même classe que la peine de mort, que le général aurait méritée s'il eût été coupable, c'est-à-dire dans la classe des peines *afflictives et infamantes.*

2°. Le défenseur a plaidé, que toutes nos lois pénales, civiles et militaires, *défendaient aux* juges de *qualifier de crimes* des actions que la loi pénale n'a pas appelées de ce nom, et d'appliquer à ces actions des peines qu'*une loi antérieure* n'a pas *infligées :* d'où il a conclu que le conseil de guerre n'avait pu, *sans violer ces lois*, et en faire *une fausse application*, ni *caractériser de crimes*, ni les *punir comme tels*, d'une peine afflictive et infamante, les deux faits pour lesquels le général a été condamné, tant répréhensibles qu'ils pussent être moralement et politiquement, savoir : la *non répression* du meurtre qui lui était imputé, mais dont il était déclaré innocent, et la *méconnaissance du caractère* de la personne homicidée ; et il a donné de cette violation deux raisons : la première, qu'aucune loi n'avait qualifié ces actions de crimes, ni ne les avait punies comme tels ; et la seconde, que toutes nos lois défendaient de juger un accusé sur d'*autres faits que ceux de l'accusation*, et que néanmoins l'accusation du général portait sur *des faits autres* que ceux qui avaient motivé sa condamnation.

3°. Enfin l'orateur s'est principalement étendu sur le troisième moyen résultant de ce que le jugement avait prononcé *sur des cas non prévus*, une *peine arbitraire*, en vertu d'un *décret impérial* de *Bonaparte*, et d'un avis de son conseil d'état.

D'abord, a-t-il dit, *et en point de fait*, le jugement porte textuellement, *que les juges ont usé*, dans la condamnation, du *prétendu droit*, que leur donnaient et ce décret et cet avis, par cela seul que les faits pour lesquels était condamné le général, *n'étaient prévus par aucune de nos lois pénales existantes*, *soit militaires soit civiles* : ce sont les propres expressions du jugement.

Or, a dit l'orateur, et *en point de droit*, non-seulement cette condamnation *arbitraire* dans des *cas non prévus par toutes nos lois*, *viole ouvertement* le texte le plus précis du Code pénal civil, du Code pénal militaire, et de la Charte constitutionnelle : mais elle a fait encore, s'il est permis de parler ainsi, la plus fausse application, et du décret et de l'avis qui l'interprète.

D'abord, a-t-il ajouté, toutes ces lois pénales et constitutionnelles sont textuellement d'accord pour écarter l'arbitraire des jugements *dans les cas non prévus*. Le Code pénal militaire annonce dans son préambule que tel est précisément son objet. Puis il ajoute, en parlant DE CES CAS IMPRÉVUS, que *les lois seules antérieures*, s'il en existe, doivent les régler, et que s'il n'en existe pas, il faut s'en référer au pouvoir législatif; et quant à la charte, elle confirme ce principe fondamental de notre liberté individuelle en défendant expressément d'*arrêter*, ni de *poursui-*

vre, et à plus forte raison de condamner, *si ce n'est dans les cas prévus* par les lois antérieures.

A la vérité, dit l'orateur, on oppose le décret impérial et l'avis du conseil d'état de Bonaparte ; mais 1° si cet avis et ce décret étaient des lois, ils seraient abrogés par la constitution, qui ne maintient, article 68, que les lois antérieures *qui ne sont pas contraires* à la charte.

Or, ce ne *sont pas des lois ;* puisqu'aux termes même de la prétendue constitution de l'an 8 et du prétendu Sénatus-consulte organique de l'an 12, en vertu desquels Bonaparte exerçait alors son pouvoir illégitime, ni lui, ni à plus forte raison son conseil d'état n'avaient le droit de faire des lois, et surtout des lois subversives de la législation existante.

C'étaient évidemment des actes arbitraires, et le décret des 1er et 14 mai 1812, ainsi que l'article interprétatif du conseil d'état, étaient de tous ces actes despotiques le plus intolérable ; puisqu'ils avaient pour objet de mettre dans les mains de l'usurpateur, le droit arbitraire de vie et de mort contre ceux de ses généraux et de ses soldats qui lui déplairaient.

Or, a dit en finissant l'orateur, ce serait insulter à la justice, aux lois, et pour ainsi dire, à Sa Majesté elle-même, qui ne gouverne que par les lois et par la justice, que de mettre en question si un acte du despotisme de Bonaparte, peut, sous le règne paternel de Louis-le-Désiré, et sous l'empire de la charte constitutionnelle que nous devons à son génie, servir de règle à un jugement arbitraire.

M. Bexon a fait remarquer, dans l'intérêt de Miéton, que les instruments immédiats du meurtre du colonel Gordon, les soldats enrichis de sa dépouille, étaient, sans avoir été inquiétés ou arrêtés, témoins et accusateurs dans cette affaire, et qu'on avait entendu des témoins à l'insu de l'accusé, et sans qu'il eût connaissance des questions distribuées dans les commissions rogatoires.

M. le procureur du Roi a examiné les moyens de nullité proposés par les défenseurs; et sans s'arrêter à aucun d'eux, a conclu à la confirmation du jugement.

M. Chauveau-Lagarde a encore fait quelques efforts pour soutenir que le décret et l'avis du Conseil d'Etat de l'année 1812 avaient été abrogés par la charte.

Mais c'est une erreur d'autant plus manifeste, qu'elle contrarie tous les principes qui régissent la matière.

L'abrogation est tacite ou écrite.

L'abrogation tacite s'opère par l'inexécution, le non-usage, la désuétude.

L'abrogation écrite est l'acte par lequel on annulle une loi.

Or, d'une part on ne peut pas dire que le décret et l'avis du Conseil d'Etat ayent été abrogés par l'inexécution, le non-usage, la désuétude, puisqu'ils ont été au contraire, jusqu'à présent, *la règle constante des tribunaux militaires;* et de l'autre, non seulement la charte ne contient aucune disposition formelle qui les annulle, mais ce qui prouve que son immortel auteur n'a pas eu l'intention de le faire, c'est que lorsqu'il a voulu abolir l'odieux régime de la confiscation, il a manifesté sa volonté à cet égard de la manière la plus expresse, tandis qu'il a gardé le silence sur toutes les autres lois pénales, civiles ou militaires.

La décision du conseil de guerre est donc, sous ce point de vue, à l'abri de toute censure.

Voyons maintenant si elle échappe également au double reproche d'avoir prononcé sur un fait étranger à l'accusation, et sur un fait qu'aucune loi n'a mis au rang des crimes.

L'accusation principale dirigée contre le général Bonnaire était bien d'avoir ordonné ou autorisé le meurtre du colonel Gordon; mais il était aussi prévenu *de l'avoir fait en violation du droit des gens.*

Peut-être le conseil de guerre aurait-il mieux jugé en déclarant le général coupable d'avoir donné l'ordre, puisqu'une foule de circonstances également puissantes concouraient à le démontrer; mais qu'il se soit trompé à cet égard, ou que nous nous trompions nous-mêmes, toujours est-il certain qu'il a pu, tout en rejetant la première partie de l'accusation, accueillir la seconde.

Nous n'avons donc plus qu'à examiner s'il est vrai qu'il fût question d'*un fait non prévu.*

Il est certain que le Code pénal civil et le Code pénal militaire sont muets sur les outrages que pourraient subir un ambassadeur, ou, ce qui est la même chose, un parlementaire; mais le *droit des gens* a consacré leur inviolabilité, et M. Chauveau-Lagarde doit savoir aussi bien que nous que le *droit des gens* fait partie de ces lois *immuables* dont le judicieux Domat dit qu'on les nomme ainsi parce qu'elles sont naturelles et tellement *justes, toujours et partout,* qu'AUCUNE AUTORITÉ NE PEUT LES CHANGER NI LES ABOLIR (1).

On voit donc que le conseil de guerre, loin de violer les principes, n'a fait au contraire que s'y conformer; et qu'il aurait pu même se dispenser de s'appuyer sur le décret de Bonaparte et sur l'avis du Conseil d'Etat, puisqu'il lui suffisait d'invoquer ces lois immuables *qu'aucune autorité ne peut changer ni abolir.*

Aussi son jugement a-t-il été confirmé par le conseil de révision, le 28 juin.

Le lendemain, c'est-à-dire, le 29 juin, le maréchal de camp Bonnaire a été extrait, à midi, de la prison militaire de l'Abbaye, et conduit par une forte escorte de Gendarmerie sur la place Vendôme, la troupe étant sous les armes.

M. le comte de Rochechouart, commandant la place de Paris, M. le duc de Maillé, maréchal de camp, président du conseil de guerre, M. de Melon, officier supérieur d'état-major, rapporteur dans cette affaire, et M. Boudin, greffier

---

(1) *Traité des Lois*, chap. 11.

Notre ancienne législation criminelle n'avait pas prévu non plus le cas pour lequel le général Bonnaire a été condamné : et cependant qui oserait soutenir qu'un tel crime fût demeuré alors impuni?

ordinaire du conseil, se sont placés à côté du condamné, à qui l'ordre a été donné de se mettre à genoux. Alors M. le duc de Maillé, sur la réquisition de M. le Rapporteur, a prononcé au condamné la formule de dégradation d'officier de la Légion d'honneur, et de plus, conformément à la décision du ministre de la guerre, en date du 10 juin, celle de dégradation de chevalier de Saint-Louis, d'après l'édit de 1693.

Le même jour, à trois heures, le lieutenant Miéton a été fusillé dans la plaine de Grenelle, sans avoir voulu accepter les secours de la religion, quoiqu'on les lui eût offerts à plusieurs reprises.

Puisse le terrible exemple qu'offre ce procès funestement célèbre, ne pas être perdu pour ceux qui seraient tentés d'imiter la conduite des deux condamnés! Puisse-t-il leur faire sentir qu'on ne saurait violer impunément ni ses devoirs envers le Roi, ni les principes sacrés du droit des gens, ni les lois de l'humanité!

DE L'IMPRIMERIE DE C.-F. PATRIS,
RUE DE LA COLOMBE, N° 4, DANS LA CITÉ.

www.ingramcontent.com/pod-product-compliance
Ingram Content Group UK Ltd.
Pitfield, Milton Keynes, MK11 3LW, UK
UKHW012218240726
13966UKWH00003B/843